AUCH DAS HAMSTERRAD HAT EINE TÜR

AF284276

Kunigunde Lindner

AUCH DAS HAMSTERRAD HAT EINE TÜR

FREIHEIT BEGINNT IN MIR

Impressum

Bibliografische Information der Deutschen Nationalbibliothek:
Die Deutsche Nationalbibliothek verzeichnet diese Publikation in der
Deutschen Nationalbibliografie; detaillierte bibliografische Daten sind im
Internet über http://dnb.dnb.de abrufbar.

www.hamsterradtuer.de
Lektorat: Barbara Lösel
Covergestaltung: Kunigunde Lindner
Autorenfotografie: Thomas Kohnle
Herstellung und Verlag: BoD – Books on Demand, Norderstedt

ISBN: 978-3-7543-7262-3

Inhaltsverzeichnis

1.

„Was willst du damit eigentlich?"

Es fällt mir schwer die Frage zu beantworten. Natürlich weiß ich, was ich damit will: Menschen zum Nachdenken bewegen. Ein wenig Aha bewirken. Meine Erfahrungen und Beobachtungen einbringen.

„Es ist nicht in Ordnung, wie wir miteinander umgehen, wie wir leben", versuche ich, mein Vorhaben zu erklären.

„Und dann packst du das in einen Roman?"

„Nun, nicht so direkt."

„Weißt du eigentlich, wie schwer es aktuell auf dem Buchmarkt ist? Niemand kennt deinen Namen. Die Buchhändler wollen wissen, in welches Regal sie dein Buch stellen können: Ist es ein Roman oder ein Ratgeber? So, wie es jetzt ist, passt es nirgends hin. Es ist nicht Fleisch und nicht Fisch. Du solltest dich für eines entscheiden."

Fünf Jahre. Waren die Jahre des Schreibens für die Katz?

„Schreib es um. Mach einen wirklich guten Roman daraus. Oder setz dich hin und schreib einen Ratgeber. Du willst etwas sagen, traust dich aber nicht. Merkst du denn nicht, wie unstimmig das alles ist? Du hoffst, dass du entdeckt wirst, und hast gleichzeitig Angst davor, dass Menschen in deinem privaten Umfeld darüber reden."

Ertappt.

„Hast du was zu sagen?"

„Ja!"

„Gut. Das finde ich auch. Es gibt viele Menschen, denen es so geht wie dir."

Über fünfundzwanzig Jahre davor, Anfang der neunziger Jahre

Tauchen. Ja, warum denn nicht, denke ich mir. Damals, als ich noch nicht mit meinem Mann verheiratet bin. Damals, als unsere Beziehung noch jung ist. Damals, als ich zwischen Österreich und Deutschland pendele. Er ist vom Tauchen begeistert. Er bezahle mir den Tauchkurs, sagt er, und ich nicke.

Einige Wochen später ziehe ich zu ihm nach Deutschland. Um einen Arbeitsplatz brauche ich mich nicht zu bemühen. In seiner kleinen Firma ist Platz für mich. Eine Stelle, wie für mich geschaffen. Ich habe in Österreich seine Softwareentwicklung betreut. Angebote geschrieben, Computer eingerichtet, Menschen geschult und meine Nase in die Programmierung gesteckt. Ich bin ein Glücksgriff. Ja, der bin ich. Ich bin eine Frau, die lernfähig und neugierig ist. Die sich Wissen aneignet und es umsetzt. Und der nichts zu blöd ist.

Der Tauchkurs findet in Deutschland statt. Ich lerne Handzeichen, mit Tauchtabellen umzugehen und übe mich in der Handhabung des Equipments. Flossenschläge, Tauch-computer, Maske ausblasen, Auf- und Abtauchen, Dekompressionstopps, Pressluft, Nitrox, Trimix, Verhaltens-regeln beim Wracktauchen. All das ist mir bald geläufig. Schließlich lege ich die Tauchprüfung ab und darf mich mit einem Zertifikat schmücken. Mein heutiger Mann ist stolz auf mich und endlich können wir gemeinsam losziehen. Es folgen Monate, in denen wir in unserer Freizeit das Tauchequipment durch die Gegend schleppen. Zu abgelegenen Waldseen, zu Flusstälern, an die Ostseeküste und zu Schotterteichen. Es folgen Urlaube an der Mittelmeerküste und in Ägypten. Schließlich zieht es uns nach Asien und diese Reisen werden zu besonderen Urlaubserlebnissen.

Wir sind ein prima Team: mein Mann und ich. Nicht nur privat, sondern auch beruflich. Wir arbeiten zusammen und vertreiben die selbst entwickelte Software. Ich frische meine Buchhaltungskenntnisse auf und kümmere mich um das Kaufmännische. Rechnungen schreiben und bezahlen, Ware einkaufen, Gehaltsabrechnungen. Eben die ganze Bandbreite der Büroorganisation. Aber nicht nur das, ich besuche auch unsere Kunden vor Ort, denn unsere Softwareentwicklung wird erfolgreich in Firmen eingesetzt. Wir reisen quer durch Deutschland und seine Nachbarländer. Von der Ostsee bis zum Wörthersee. Von Luxemburg bis nach Prag. Ich stehe meinen Mann. Ich kenne mich mit Computern aus, tausche Ersatzteile und schule unsere Kunden. Zudem programmiere ich und analysiere Sachverhalte, entwickle Konzepte und setze sie um. Nur verkaufen mag ich nicht. Es liegt mir nicht.

Es ist nicht leicht. Wir müssen Gewehr bei Fuß stehen, wenn Not am Mann ist. Schritt halten mit der immer rasanteren Weiterentwicklung am IT-Markt. Schließlich sind da noch die Kunden, die mit Herausforderungen und mit ihrer Persönlichkeitsstruktur das eine und das andere von uns abverlangen. Wir laufen nicht auf hundert, sondern auf hundertfünfzig oder mehr Prozent. Ich zähle nicht die Stunden. Nicht selten sitze ich abends um acht Uhr noch im Büro. Auch Samstage, Sonntage und Feiertage werden nicht verschont. Die Firma muss laufen, die Kunden warten, Verpflichtungen müssen eingehalten werden und der Rubel muss rollen. Nur rollt er nicht immer direkt in unser Portemonnaie.

Doch ich klage nicht. Ich bin kinderlos und die Arbeit liegt mir. Außerdem, was sollte ich sonst machen?

„Was machst du für dich? Was ist dein Ding?", werde ich gefragt.

Die Frage geht mir nach, ich stehe im Vorraum unserer Büros und blicke den Schrank an. Ich bin doch nicht unglücklich. Ich fahre zum Tauchen, setze mich mit auf den Motorradsitz, wenn mein Mann und ich einen Ausflug machen. Unsere Beziehung ist top! Wir können miteinander Pferde stehlen und vierundzwanzig Stunden am Tag zusammen sein, und das wochenlang. Seit fünf Jahren leben und arbeiten wir zusammen. Jetzt endlich haben wir auch ein schönes Zuhause gefunden. Ein ganzes Haus für uns. Allerdings zur Miete. Zu zweit renovieren wir die Terrasse. Der eine schleift, der andere streicht. Wo einer von uns ist, ist der andere nicht weit. Ich bin davon überzeugt, wenn wir uns alles sagen, egal was, wissen wir, was den anderen bewegt. Dann sind doch Miss-verständnisse ausgeschlossen. Und ich kann nur das von dem anderen erwarten, was ich selbst bereit bin zu geben.

Was soll ich denn wollen? Ich schüttle den Kopf. Es ist gut so, wie es ist. Mein Ding? Zählen denn die kleinen Dinge nicht? Im Sommer meine Bohnen, die sich um das Terrassengeländer ranken. Die Blumenzwiebeln, die ich im Vorgarten verbuddelt habe. Bücher, die ich gerne lese. Zwischen Romanen stehen auch Ratgeber und Sachbücher. Nur in letzter Zeit habe ich mir kaum Zeit dafür genommen. Höchstens für Unterhaltsames. Es gibt viele Dinge, die mich interessieren. Fragen, die mich beschäftigen. Sind die Lipidsenker, die meinem Mann verschrieben wurden, in seinem Fall wirklich sinnvoll? Ich will wissen, was gesunde Ernährung ist. Obst und Gemüse alleine können es nicht sein. Ich will wissen, was Schüßler-Salze sind, von denen so viele Menschen gerade sprechen. Ich will wissen, was Menschen berichten, die bereits klinisch tot waren. Ich will wissen, woher die Bohne weiß, dass es Zeit ist zu keimen, wenn die Bodentemperatur dafür geeignet ist. Ich will wissen, ob der Vogel, der zum Futterhaus kommt, mit seinem Vogelweibchen eine lebenslange Partnerschaft führt. Ich will wissen, was Buddha gelehrt hat. Ich will wissen, was das für Menschen sind, die Amok laufen und dabei Menschen erschießen. Kurzum, ich möchte Himmel und Erde verstehen.

Ich sehe den Schrank an und ich weiß, dass ich meinen Mann nicht für alles begeistern kann. Aber ich könnte das eine oder andere Thema aufgreifen. Mir ein wenig Zeit für mich nehmen. Es gibt viele Angebote, Vorträge, Ausstellungen, Kurse und Informationsveranstaltungen. Und ich könnte Menschen kennenlernen. Abseits von unserem gemeinsamen Bekanntenkreis.

Ich wohne in einem Ort, in dem ich nicht aufgewachsen bin. Wenn ich durch die Stadt gehe, treffe ich niemanden aus meiner Kindheit oder Schulzeit. Niemanden, den ich nicht durch meinen Mann kennengelernt habe. Meine Kontakte in meine Heimat sind spärlich und beschränken sich auf wenige Telefonate. Es ist ein wunder Punkt, dass ich Österreich verlassen und meinen Eltern den Rücken gekehrt habe. Ich wollte mein eigenes selbstbestimmtes Leben und das habe ich jetzt.

Was soll ich denn Großes wollen? Eine Weltreise? Das einzig Große, von dem ich träume, ist ein eigenes Haus. Ein Stück Sicherheit, ein Stück Mein. Aber das ist nicht so einfach. Das richtige Objekt, eine schöne Lage, eine durchdachte Finanzierung. Ich seufze. Die nächsten Runden im Hamsterrad wären damit gebucht. Aber was soll es? So ist das Leben. Es gibt nichts umsonst.

Es ist der 24. Dezember und ich stehe sechshundert Kilometer von zu Hause entfernt an einer Supermarktkasse. Auf dem Kassenband liegen Lebensmittel. Für das Essen heute Abend. Mein Mann und ich lächeln uns an. Verlegen. Es ist Weihnachten und wir stecken noch mitten in der Arbeit. Die Installation bei unseren Kunden hat uns gefordert, uns aus unserem Plan gebracht. Können wir heute mit gutem Gewissen nach Hause fahren? Klappt die Steuerung und kommen die Anwender mit der neuen Technik zurecht? Wir werden nach dem Einkaufen wieder in den Betrieb zurückfahren, mit dem Betriebsleiter etwaige Vorkommnisse besprechen. Und dann geht es heim. Es wird spät werden, bis wir zu Hause sind.

Wir sind auf der Autobahn und bemerken, wie der Verkehr langsam weniger wird. Wie es stiller wird. Wahrscheinlich beginnt bereits das Weihnachtsfest in manchen Häusern. Und wir?

Wir nehmen es mit Humor, schreiben der Situation etwas Verrücktes zu. Es gibt keinen Weihnachtsbaum und keine Geschenke. Dazu war zu wenig Zeit. Was sollen wir uns auch gegenseitig schenken? Aus Verlegenheit etwas kaufen, nur damit wir nicht mit leeren Händen dastehen? Wir werden es uns gemütlich machen. Etwas Schönes kochen und eine Flasche Wein aufmachen.

Zu Hause kümmert sich mein Mann um das Essen, während mein Blick durch das Wohnzimmer schweift. Weihnachten. Es ist nichts davon zu sehen. Ich suche nach Kerzen und verteile diese im Wohnraum. Was soll's, denke ich. Es ist, wie es ist. Außerdem sollte man Weihnachten nicht überbewerten. Schließlich war es wichtig, das Projekt bei unserem Kunden vorerst abzuschließen. Dennoch überkommt mich Wehmut. Eigentlich ist es scheiße, was wir hier abziehen. Ich verpasse der Yuccapalme eine silberne Dekokette. Frohe Weihnachten!

Ich habe im Fernsehen einen Dokumentarfilm gesehen. Hunde wissen, wann Frauchen oder Herrchen nach Hause kommen. Sie zeigen ein auffälliges Verhalten ab dem Zeitpunkt, an dem der geliebte Mensch sich entschließt, den Heimweg anzutreten. Die Hunde zeigen es auch dann, wenn das Heimkehren außerhalb der gewohnten Tagesordnung ist. In der Dokumentation werden Versuche gezeigt. Waldi wedelt mit dem Schwanz und läuft zum Fenster. Er weiß es einfach, Herrchen kommt. Rupert Sheldrake nennt es morphogenetisches Feld, aus dem das Tier seine Information bezieht. Es gibt diese morphogenetischen Felder seines Erachtens auch im Pflanzenreich. Es gibt sie überall. Ich kaufe mir ein Buch von ihm.

Als Sheldrake geraume Zeit später in der hessischen Landeshauptstadt Frankfurt einen Vortrag gibt, fahre ich hin. Ich gönne mir selbst sonst nichts, verteidige ich meinen Entschluss. Ich genieße den Abend, die kleine Auszeit. Hunderte von Menschen sind im Saal. Ich sitze mittendrin und höre gespannt zu. Rupert Sheldrake ist kein lauter oder wortgewaltiger Mann. Er weiß, dass seine Forschung umstritten ist. Er spricht über das, was ich schon in seinem Buch gelesen habe. Er nennt signifikante Trefferquoten, die über dem normalen Zufall liegen. Seine Zeit widmet er aktuell dem uns allen bekannten Gefühl des Beobachtetwerdens. Am Ende des Vortrags reihe ich mich in die Menschenschlange ein, um mein mitgebrachtes Buch signieren zu lassen. Er unterschreibt und ich puzzle mir die englischen Wörter zusammen, um ihm zu sagen, dass er eine schöne Handschrift hat. Er blickt mich an und lächelt. Danach klappt er den

Buchdeckel zu und wundert sich über den ihm unbekannten deutschen Bucheinband. Ich wechsle mit ihm einige Worte und bin stolz auf das kurze Gespräch, das ich mit ihm führen konnte.

Menschen, die Bücher schreiben oder im Fernsehen zu sehen sind, sind erreichbar. Ich kann in ihr Gesicht schauen. Mir selbst ein Bild über sie machen. Ja, vielleicht sollte ich mir in Zukunft die Menschen genauer ansehen, bevor ich deren Meinung zu meiner mache oder sie gar beklatsche.

Seitdem wir ein Haus gemietet haben, nimmt unsere Lebensqualität enorm zu. Platz, Licht, Sonne und Grün. Da sind keine anderen Mitbewohner mehr im Haus, auf die wir Rücksicht nehmen müssen. Ich kann Krach machen, wann immer ich will. Wir können dort schalten und walten, wie wir wollen. Wir renovieren die Terrasse, sie wird zu unserem Outdoor-Refugium. Endlich im Freien sitzen können, ohne irgendwo hinfahren zu müssen. Ich habe ein neues Lebensgefühl und freue mich über eine große Terrasse, Blumenrabatten, viel Platz und endlich eine Katze.

Wir arbeiten mitunter auch am Samstag und Sonntag. Doch an diesen Tagen ist es anders als werktags. Wie wenn ein Schalter in meinem Hirn umgelegt ist. Es fehlt mir wesentlich schwerer, mich aufzuraffen. Das zu erledigen, was ich mir an diesen Tagen vorgenommen habe. Ich frage mich, was an Samstagen anders ist. Es ist das Wissen, dass es eben ein Samstag ist. Alleine dieser Umstand entscheidet über meinen beruflichen Arbeitseifer.

Immer öfter siegt der Schweinehund, der mich einen großen Bogen um das Büro machen lässt – egal, wie sehr ich mir dieses oder jenes vorgenommen habe. Doch mein schlechtes Gewissen versaut mir ein unbeschwertes Wochenende. Es verfolgt mich auf Schritt und Tritt. Es läuft im Abstand von einem halben Meter hinter mir her. Es dauert einige Zeit, bis ich beschließe, mir nichts mehr fürs Wochenende vorzunehmen. Ich will endlich ein paar entspannte Tage haben.

Ich frage mich, was den Unterschied ausmacht. Würde ich am Freitag in der Annahme aufwachen, dass es Samstag wäre, wäre mein Arbeitseifer genauso ausgebremst? Ja, denke ich. Es liegt nicht am Tag. Es ist in meinem Kopf.

Wir sind bei einem Kunden. Wie immer bei solchen Außenterminen, vor allem wenn neue Programme oder Betriebsabläufe integriert werden, stehen wir unter Spannung. Ein gewisser Druck lastet auf uns. Klappt alles? Kommen wir gut voran? Haben wir etwas übersehen?

In solchen Situationen kann ich durcharbeiten. Oft wird es spät, bis ich Feierabend mache. Ich stehe gewissermaßen unter Strom. Ich wundere mich darüber, woher ich die Energie nehme.

Ich lese ein Buch über Zeitmanagement. Demzufolge liegt es an der Motivation, die uns in Hochform hält. Es liegt an unserer

Einstellung und Begeisterung. Gewissermaßen an der Schwingung, die uns eine Aufgabe verleidet oder sie fördert.

Ich kann das nur bestätigen. Wenn ich mich gedanklich in etwas einarbeite und dabei langsam, aber sicher eine Begeisterung dafür entwickle, dann kann ich über mich hinauswachsen. Ein weiterer Aspekt ist die Art der Zusammenarbeit mit den mitwirkenden Menschen. Je besser diese ist, umso mehr setze ich mich ein. Dabei geht es nicht vorrangig um das Geld, sondern um die persönliche Befindlichkeit und um Gruppendynamik. Je höher oder positiver die Schwingung ist, desto mehr bringe ich mich ein. Ich habe Spaß daran, entwickle neue Ideen und schaue dabei nicht auf die Uhr.

Es spielt sich alles im Kopf ab, erkenne ich. Meine Gedanken sind der Antriebsmotor und die Bremse gleichzeitig. Doch ein kritischer Blick in die Werbeindustrie, auf Worte, Rhetorik und Bilder lassen mich erahnen, dass ich oft nicht selbst das Ruder in der Hand habe. Es sind die Medien oder Menschen beziehungsweise Menschengruppen, die den Wetterhimmel in meinem Kopf dirigieren. Ein Wort, ein Bild genügen, um düstere Wolken abregnen zu lassen. Worte, wie Insolvenz zum Beispiel verursachen eine Beklemmung. Bei Todesstrafe schnürt sich meine Kehle zu. Strafverfahren, Krebs, Demenz, Umweltkatastrophe vermiesen mir augenblicklich meine gute Laune und bringen mich zum Sinnieren, genauso wie Bilder aus dem Krieg und von verendeten Tieren.

Von der habe ich doch schon einmal etwas gehört, denke ich, als ich in einem Veranstaltungsmagazin blättere. Richtig, das ist die Frau aus dem Fernsehen, die in einer Talkshow über sich erzählte.

Ich erinnere mich daran. Sie ist eine Heilerin oder so etwas Ähnliches. Was mich aber noch mehr fasziniert, ist die Tatsache, dass man in der Schweiz ein Forschungsprojekt für geistig-energetische Behandlung ins Leben gerufen hat. Das finde ich toll. Es gibt offenbar Mediziner und Wissenschaftler, deren Neugierde und Forschergeist größer ist als die landläufige Meinung über Humbug. Auch ich möchte mehr davon sehen, fühlen und erfahren, was es noch zwischen Himmel und Erde zu entdecken gibt. Ich melde mich zu dem angebotenen Nachmittagsseminar an.

Die Frau ist bescheiden. Sie wirkt auf mich beinahe großmütterlich. Ich blicke durch die Reihen der Teilnehmer: Menschen, die sich für ihre Krankheiten und Probleme Hilfe erhoffen. Menschen aus Heilberufen. Menschen, die sich auf „den Weg gemacht" haben. Und Neugierige, wie ich.

Ich sitze zwischen den Reihen und hänge der Frau an den Lippen. Heimlich hoffe ich, dass etwas passiert, was mich aus den Socken haut. Aber stattdessen sagt sie, dass wir auf unser Herz hören sollen. Sie spricht von den Schubsern, die das Leben für uns bereit hält und die sich manches Mal wie Tritte anfühlen. Von den Wundern und Zufällen, die sie selbst erlebt hat. Hilfe braucht man nicht in der Ferne suchen. Oft wächst das helfende Kraut direkt vor unserer Haustüre. Die Hilfe ist da, wir müssen sie nur erkennen.

Später leitet sie uns zu Übungen zur Wahrnehmung und Energieübertragung an. Als ich mit meiner Sitznachbarin eine Übung mache, bei der wir uns gegenseitig an den Unterarmen anfassen, berührt mich die Heilerin wie beiläufig. Ich nehme ein Zucken wahr, das durch meinen Arm schießt. Oh! Was war das gewesen?

Die Heilerin schreitet durch die Reihen der Teilnehmer und umkreist eine sitzende Frau. Sie fächert mit einem großen Baumblatt, welches sie vorher aus der Grünanlage vor dem Gebäude gepflückt hat, in der Luft. Die Frau auf dem Stuhl krümmt sich und vor meinen Augen geschieht etwas, das ich nicht einordnen kann. Die Frau solle ihren Schmerz loslassen, sich trauen auch zu schreien. Ihre Zeit sei jetzt reif dafür, sagt die Heilerin und umkreist weiterhin die Frau. Was geht denn hier ab, denke ich und verfolge die Gebärden der Sitzenden.

Schließlich ist die Prozedur beendet, denn die Frau auf dem Stuhl lächelt und die Heilerin sagt, dass es sein könne, dass sie die nächsten Tage ein großes Schlafbedürfnis habe.

Als ich nach Hause fahre, habe ich einiges zu verarbeiten. Mit der Frau war etwas geschehen, das hatte ich in ihrem Gesicht gesehen. Ich frage mich, ob sie tatsächlich ihren Schmerz loslassen konnte und jetzt ein besseres Leben führen kann.

Von Knoblauch und der Frage: Was ist wirklich wichtig.

Es ist Samstag und vor mir auf dem Küchentisch liegt Knoblauch. Es sind schöne und große Knollen. Ich pule die Schalen von den Zehen und blicke zwischendurch auf das Rezept für eingelegten Knoblauch. Während ich den Knoblauch mit den Gewürzen in Gläser schlichte, frage ich mich, was ich da tue. Auf meinem Schreibtisch liegt genug Arbeit. Und wenn ich mich der einen oder anderen beruflichen Sache annehme, könnte ich Geld verdienen. Mehr als fünf Gläser eingelegter Knoblauch kosten. Ich hadere mit mir. Es ist vertane Zeit. Es gibt keinen einzigen vernünftigen Grund, diese Arbeit zu machen. Ich blicke auf den Knoblauch. Ein Teil ist noch ungeschält. Bis ich fertig bin, sitze ich hier noch längere Zeit. Ich bin kurz davor, mein Unterfangen, Knoblauch einzulegen, abzubrechen. Ich muss das nicht machen. Niemand erwartet es von mir.

Nein. Ich habe es mir vorgenommen. Ich wollte das ausprobieren, als ich das Rezept entdeckte. Und wenn ich einen Entschluss gefasst habe, ziehe ich ihn durch. Gleichzeitig seufze ich. Knoblauch einzulegen, das erwartet wirklich niemand von mir. Die Erwartungshaltungen an mich sind andere. Es sind unsere Kunden, die erwarten, dass ich liefere. Es ist mein Mann, der mich als Teil der Firma sieht. Es sind Behörden, Banken, Lieferanten und Konsorten, die erwarten, dass ich meinen Verpflichtungen nachkomme. Und es sind meine Eltern, die erwarteten, dass etwas Ordentliches aus mir wird. Ich seufze nochmals.

Meditation

Immer öfter taucht das Wort Meditation auf. Natürlich weiß ich, was Meditation ist. Still sitzen und nicht denken.

Ich habe das noch nie bewusst gemacht und bin mir nicht sicher, ob das Nichtdenken nicht doch gelernt sein will. Daher buche ich bei der örtlichen VHS einen Meditationsnachmittag für Anfänger.

Wir sitzen am Boden im Kreis, schlagen Holzstäbchen aneinander und fokussieren uns auf unseren Atem, lassen die Gedanken ziehen, ohne daran festzuhalten. Sie sind jetzt nicht wichtig. Atmen. Ein und aus. Es fällt mir schwer, nicht zu denken. Meinen Gedanken nicht zu folgen. Ruhig sitzen zu bleiben.

Zu Hause nehme ich mir vor, dass ich das üben will. Zu schnell bin ich wieder in Überlegungen und im rationalen Denken gefangen. Geht das überhaupt, das Nichtdenken? Oder ist das Nichtdenken doch wieder ein Denken, um nicht zu denken. Ich erinnere mich an einen Satz der Heilerin: „Meine Großmutter hat schon meditiert. Wenn sie das Geschirr mit der Hand spülte. Das ist Meditation im Alltag."

Ja, das kenne ich. Abseits von Fernseher, Radio und Medien etwas zu tun. Darin versunken zu sein. Die Zeit zu vergessen, während ich für diese Zeitspanne im Frieden mit mir bin.

Sipadan und Jolo

Im Jahr 2000 erfüllen sich mein Mann und ich einen Urlaubstraum. Wir reisen zum Tauchen auf Sipadan. Es ist eine kleine Insel, die man zu Fuß in weniger als einer Stunde umrunden kann. Sie gehört zu Malaysia und liegt im offenen Meer. Es ist ein Paradies für Taucher. Schildkröten, Haie, Barrakudas sind zu entdecken. Alles, wonach sich das Taucherherz sehnt.

Wir hatten damit gehadert: Diese Reise strapaziert unsere Urlaubskasse über Gebühr. Die zweitägige Anreise ist anstrengend. Dreimal müssen wir die Fluglinie wechseln. Dann mit dem Bus durch die Pampa und schließlich noch eine Stunde mit dem Speedboot hinaus aufs Meer fahren, bis wir die Insel erreichen. Als Selbstständige bezahlt uns niemand die Urlaubstage. Im Gegenteil, wir werden einen einnahmearmen Monat haben. Dennoch buchen wir: eine Auszeit, weißer Strand und blaues Meer. Südostasien, unser Urlaubstraum. Wir verbringen einen Urlaub an einem Ort wie aus dem Bilderbuch.

Wieder zu Hause macht mir der Jetlag noch zu schaffen, die Urlaubstage sind gerade vorbei. Ich hatte ursprünglich darauf gepocht, diese Reise über Ostern zu buchen. Wegen der vielen Feiertage. Damit wir nicht so viele Arbeitstage verlieren. Doch das Thema Geld ließ mich einlenken. Vierzehn Tage vor Ostern war die Reise um einiges günstiger. Das hatte mich überzeugt.

Jetzt starre ich in den Fernseher und bin froh, dass ich mich überreden ließ. Die ganze Welt blickt auf Sipadan. Auf diese kleine Insel, die kein Normalsterblicher kannte. Sipadan ist an Ostern Schauplatz einer Entführung geworden. Islamistische Rebellen haben das Tauchresort überfallen und die Touristen und das Personal auf die südphilippinische Insel Jolo verschleppt.

Wir wären dabei gewesen. Das wird uns klar, als wir Bilder von den Verschleppten zu Gesicht bekommen. Wir erkennen unter ihnen unseren Tauchguide und die malaysischen Frauen, die in dem kleinen Resort tätig waren.

„Uns hätten sie nicht entführt", sagt mein Mann. „Ich hätte ihnen eine auf die Nase gehaut."

„Niemanden haust du", sage ich, „wenn du in einen Gewehrkolben starrst."

Die Entführung dauert mehrere Monate. Ich verfolge sie gebannt. Damit hatte keiner rechnen können. Wie groß ist die Wahrscheinlichkeit, im Urlaub entführt zu werden? Eins zu einer Million? Eins zu einer Milliarde? Wir wären dabei gewesen, wie die deutsche Familie Wallert, für die sich jetzt Diplomaten einsetzen. Journalisten reisen in den Dschungel, wo die Verschleppten festsitzen. Hätte ich auch einen nervlichen Zusammenbruch erlitten, wie Frau Wallert? Nein, ich bin zäh, sage ich mir. Ich hätte versucht, an Papier und Bleistift zu kommen. Aufschreiben, was ich denke, fühle, sehe und erlebe.

Die Entführung dauert bis in den September. Der damalige libysche Staatschef Muammar al-Gaddafi beziehungsweise die Gaddafi International Foundation of Charitable Associations zahlt Lösegeld. Alle kommen peu à peu frei. Zu den Letzten, die freikommen, gehört Marc Wallert, der Sohn der Wallerts.

Mutter sein

Ich erwache und steige frühmorgens aus dem Bett. Ich werde heute einen Termin bei der Frauenärztin vereinbaren, denke ich. Der Gedanke kommt aus dem Nichts. Er ist einfach da. Präsent und massiv, ohne ursächliche Veranlassung.

Der Termin erweist sich später als angebracht. Die Frauenärztin überweist mich in die Uniklinik. Ich habe Zysten, die entfernt werden sollten. Ich kenne diese Prozedur der Endoskopie. Mit vierundzwanzig hatte ich schon einmal eine solche OP, damals in Österreich.

„Haben Sie einen Kinderwunsch?", fragt mich die Ärztin in der Klinik. Ich zögere.

„Das müssen wir wissen, vor einem solchen Eingriff", sagt sie.

Kinder gehören doch irgendwie zu uns Frauen. Ich kann mir vorstellen, dass ich eine gute Mutter sein kann, auch wenn ich beruflich bis über beide Ohren eingespannt bin.

„Ja", antworte ich.

Die Ärztin schreibt groß Kinderwunsch in meine Patientenakte und kreist das Wort ein. Ich starre darauf. Warum bin ich bloß so verklemmt? Traue mich nicht, klar zu formulieren: Ja, ich will eine Mutter sein.

Die Operation verläuft gut und ich bin wieder ansprechbar. Ein Arzt kommt in das Zimmer und rückt einen Stuhl neben das Bett. „Wissen Sie", sagt er, „in Ihrer Akte steht Kinderwunsch und ich habe mir die Sache näher angesehen." Er erklärt mir das Verfahren und senkt seine Stimme. „Sie werden keine Kinder bekommen."

Als er das Zimmer verlässt, wundere ich mich über meine Emotionslosigkeit. Wieso kommen mir keine Tränen? Ich stehe am Fenster und sehe hinaus. Wieso bricht für mich keine Welt zusammen? Es ist, als hätte jemand gesagt: „Tut mir leid, aber die Erdbeeren sind ausverkauft."

Der Tod ist gewiss

Jugenderinnerung

Ich bin noch keine zwanzig, dennoch beschäftige ich mich mit dem Tod. Er ist mir gewiss. Früher oder später. Ich möchte gewappnet sein. Es wird nicht ausbleiben, dass Menschen, die mir nahestehen, sterben werden. Auch wenn es keinen aktuellen Anlass gibt. Ich kaufe mir Bücher von Raymond A. Moody, die damals die Bestsellerlisten anführen. Ich verschlinge die Berichte der Menschen, die ins Leben zurückgekehrt sind. Die oft sehr ähnlich klingen. Diese Erlebnisse verändern die Menschen. Sie beginnen sich weiterzubilden, engagieren sich, gestalten ihr Leben um und haben keine Angst mehr vor dem Tod. Als ich das zweite Buch von Moody zuklappe, ist mir klar: Es gibt ein Leben danach. Ich bin noch, auch wenn ich keinen Körper mehr habe.

Das erzählen die katholischen Religionshüter auch, aber so ganz bin ich nicht bei ihnen mit dem, was sie alles von sich geben. Ich bezweifle, dass Menschen unfehlbar sind, auch wenn sie zum Papst erwählt werden. Wenn hinter Talaren und Roben überzählige Pfunde sichtbar sind, fällt es mir schwer, Worte wie Demut oder Enthaltsamkeit ernst zu nehmen. Und ich kann mir nicht vorstellen, dass das katholische Christentum die einzig wahre Religion sein soll. Es will nicht in meinen Kopf, dass alle anderen unrecht haben. Es muss doch einen gemeinsamen Nenner geben. Etwas, das uns alle verbindet.

Wasser und Information, die sich meinem Auge entzieht

Es ist Sonntag und mein Mann hat Lust, mich zu einem Vortrag zu begleiten. Ich staune seit einiger Zeit über die Wasserkristallfotografien von Masaru Emoto. Er hat eine Methode gefunden, mit der er Wassertropfen einfriert und danach den Eiskristall unter einem Mikroskop ansieht. Diese Kristalle sehen ein wenig wie Schneeflocken aus, die alle unterschiedlich ausgebildet sind. Ich habe mir eines seiner Bücher gekauft und mich mit seinen Versuchen beschäftigt. Das Wasser scheint, wenn man Emoto Glauben schenkt, unterschiedliche Kristalle hervorzubringen. Es reagiert auf Musik, auf Worte und Bilder. Aufbauendes ergibt schöne Kristalle und Negatives unscheinbare und verzerrte.

Der Saal ist mit Hunderten von Menschen gefüllt. Emoto ist Japaner und betont, dass er kein Wissenschaftler sei. Er mache seine Versuche und veröffentliche seine Erkenntnisse. Wasser sei Informationsträger und in den Kristallen werde das sichtbar. Er sagt, dass man Wasser reinformieren könne, und liefert als Beweise seine Erfahrungen mit Gebeten und Klängen.

Das Thema Wasser lässt mich nicht los. Ist Wasser doch Bestandteil von allem, was wir essen und trinken. Wir selbst bestehen aus einer Menge davon. Wenn es Qualitätsunterschiede abseits der standardisierten Messmethoden gibt, will ich das wissen. Ich vertiefe mich in Lektüren, lese von Viktor Schauberger, einem österreichischen Naturforscher, der sich vor über hundert Jahren mit den Zusammenhängen von Wasser und Energie beschäftigte. Ich lese über Menschen, die Flüsse renaturieren, über Verwirbelung und über Leitungsrohre, die das Wasser in einer Drehbewegung halten. Ich stoße auf Informationen zu Wasserfiltern, Wasserbelebungs- und Informationsgeräten. Eines scheint mir nach den Erfahrungsberichten sinnvoll: Ich entscheide mich, ein Gerät anzuschaffen, welches Wasser reinformiert. Dass Wasser eine Art „Gedächtnis" hat, kann ich nicht von der Hand weisen. Hinweise darauf geben mir die Homöopathie, bei der durch „Verschüttelung" die Potenzen der Arzneimittel-grundsubstanzen erhöht werden, und Emotos Wasserkristall-fotografie. Das Gerät hat auch seinen Preis, doch ich werfe alle Bedenken zur Seite.

Es ist nur ein kleiner Kasten, durch den ein Rohr führt. Diesen Kasten setzt mein Mann in die Wasserzuleitung unseres gemieteten Hauses. Das Wasser fließt durch das Rohr des Gerätes, mehr nicht. Das Gerät ist weder an Strom angeschlossen, noch hat das Wasser direkten Kontakt mit dem, was in dem Kasten ist, was auch immer das ist. Es bleibt uns ein Geheimnis. In den nächsten Tagen spucken die Wasser-hähne braunes Wasser aus. Es sind Ablagerungen aus den alten Wasserrohren. Auch das stand in den Erfahrungsberichten.

Wir sind zum Geburtstag eingeladen. Am Tisch erzähle ich über unser Wasserinformationsgerät. Über all das, was ich darüber gelesen habe. Die Ausführungen wecken Interesse und ein längeres Gespräch entwickelt sich darüber. Nur einer sitzt am

Tisch und schweigt die ganze Zeit. Schließlich sagt er: „Es sollte Gesetze geben, die Menschen vor solchen Blödsinn schützen."

Blödsinn hin oder her, sage ich mir. Dass mein Kaffee jetzt besser ist oder die Waschmaschine mit weniger Waschmittel auskommt, mag ich nicht behaupten. Auch dass ich jetzt Leitungswasser trinke und meine, dass es doch besser schmeckt, und dass ich anfangs gar nicht genug davon trinken konnte, mag eine Einbildung sein. Aber dass das Wasser der Schnittblumen in der Vase nicht mehr stinkt, ist keine Täuschung. Hand aufs Herz. Es stinkt selbst nach Tagen nicht.

Die goldene Eselkarre

Mein Mann und ich werden von einem Bekannten gebeten, uns eine Präsentation anzuhören. Es geht um eine Anlageberatung. Um was genau, wissen wir nicht, und wir sind uns im Vorfeld einig, dass wir kein Interesse haben. Wir wollen uns nichts ans Bein binden. Aber anhören können wir es uns trotzdem, schließlich wurden wir darum gebeten.

Wir nehmen den Termin wahr und befinden uns im großzügigen Meetingraum einer Finanzagentur. Auf dem Besprechungstisch bereitet die Beraterin ihre Unterlagen aus und erklärt das Geschäftsmodell: investieren in ein altersgerechtes Wohnprojekt. Sonderabschreibung, Steuern sparen und Rendite.

Mein Mann und ich sehen uns an. Es hört sich gut an. Wir haben schon öfters von derartigen Investitionen gehört. Sie machen aktuell die Runde. Wohnungsbau im Osten, Immobilienfonds und dergleichen. Wir hatten bis dato nichts damit am Hut. Aber sollten wir jetzt nicht auch? Wie andere aus unserem Bekanntenkreis?

Die Beraterin ist geschickt und rhetorisch geschult. Sie möchte uns unsere Einkommensverhältnisse entlocken. Hofiert uns in die bessere Gesellschaftsschicht und malt uns glänzenden Lack vor Augen. Die Kredite? Ach was! Die werden doch von der Sonderabschreibung und den Mieteinnahmen bezahlt! Ich bin mir nicht sicher, ob in dem gemalten Apfel ein Wurm steckt.

Wir bitten um Bedenkzeit. Beim Verlassen der Räumlichkeiten erspähe ich die Pinnwand neben dem Schreibtisch der Beraterin. Dort kleben Zeitungsausschnitte von einer Villa mit Pool und einem potenten Cabrio. Tja, für einen Platz an der Sonne braucht es Menschen, die selbst einen solchen erhaschen möchten und der goldenen Möhre vor ihrer Nase hinterherlaufen. Auch wenn ich über die Zeitungsausschnitte lächle, muss ich mir selbst ähnliche Wünsche eingestehen.

2.

Etwa zwölf Jahre später. Mein Leben ist gut so, wie es ist. Dennoch erkenne ich eine Schwere in mir. Ich weiß, dass mich manche Menschen für unfreundlich halten. Es ist mein Gesichtsausdruck, der mitunter abweisend wirkt. Selbst mein Mann fragt des Öfteren: „Was schaust du schon wieder so böse?" Ich schaue normal! Mein Gesichtsausdruck ist eben so. Es ist normal, wie ich schaue. Ist es das wirklich, frage ich mich. Denn wenn ich ehrlich bin, begleitet mich eine unterschwellige Traurigkeit, eine Angst, eine Schwere, die ich nicht in Worte fassen kann. Für mich ist das alles normal, denn ich kenne es nicht anders.

Ich öffne das Internet und gebe das Stichwort „depressiv" ein. Ich hangle mich durch die Seiten, bis ich auf einen Test stoße: „Bin ich depressiv?" Auch wenn ich sonst über die Sinnhaftigkeit von Fragebogentests, die immer wieder in Zeitschriften zu finden sind, eine gespaltene Meinung habe. Ich beantworte die Fragen und lese anschließend mein Testergebnis: Ängste sind etwas Alltägliches. Nur weil ich vor etwas Angst habe, bin ich nicht automatisch depressiv. Alles ist im grünen Bereich, wenn auch tendenziell nicht im oberen. Ein wenig mehr Freude ins Leben zu integrieren, würde mir guttun.

Eine Sozialversicherungsprüfung steht uns bevor. Ich seufze tief. Vielleicht geht ja alles gut. Ich habe mich auf einen Expertenrat verlassen, doch nach meinem neuesten Kenntnisstand scheint dieser nicht gesetzeskonform zu sein. Meine Hände zittern, wenn ich das Schreiben der

Sozialversicherung in die Hand nehme. Ich habe mich auf den Mann und seinen Rat verlassen. Sind jetzt unsere Pläne für das eigene Haus gefährdet? Über die Jahre läppert sich das Sümmchen. Es sind mehrere tausend Mark – im zweistelligen Bereich, wenn's blöd kommt –, die wir nachzahlen müssen. Ich nehme den Telefonhörer und rufe den vermeintlichen Experten an. „Ihr habt einen Haufen Geld dadurch gespart", sagt er. „Nicht gesetzeskonform? Dass ihr euch damit in einer Grauzone bewegt, war doch klar. Es kommt auf die Argumentation an. Im Zweifelsfall müsst ihr es eben belegen." Ich fühle mich vor den Kopf gestoßen, als wir das Telefonat beenden. Belegen? Belegen heißt in unserem Falle nichts anderes als fälschen.

Ich will nichts fälschen und ich möchte mich mit dem Sozialversicherungsprüfer nicht auseinandersetzen. Daher verlege ich die Prüfung in das Büro unseres Steuerberaters und bringe die Aktenordner dorthin. Ich will nichts argumentieren. Ich möchte mich nicht in Paragrafen verstricken, die ich nicht kenne. Ich hoffe, dass unser Steuerberater die Grauzone weißwäscht. Ich ahne nichts Gutes, als der Prüfer die Prüfung um ein Jahr ausweitet. Mein Gefühl täuscht mich nicht und ich bin fassungslos, als ich die Nachzahlungssumme schwarz auf weiß in seinem Abschlussbericht lese. Sie liegt im Bereich eines Mittelklassewagens.

Ich kontaktiere nochmals unseren Experten. Dieser meint, ich solle klagen. Ich ziehe einen Fachanwalt zurate, der kopfschüttelnd abwinkt. Als ich die Tür der Anwaltskanzlei hinter mir schließe, bin ich den Tränen nahe. Hörte es denn nie auf? Ich habe mich so gefreut, dass unsere finanziellen

Verpflichtungen immer weniger geworden sind. Dass wir aus dem Gröbsten raus sind. Endlich ein wenig Luft. Die Firma läuft besser als noch vor ein paar Jahren. Und jetzt das! Hat die Geldverschlingmaschinerie denn nie ein Ende? Die Vergangenheit rollt ihren Teppich vor mir aus: Forderungsausfälle, übernommene Altlasten, Fehlinvestitionen und Schlitzohren, denen wir auf dem Leim gegangen sind.

Ich studiere ein Buch über Bachblüten. Ich dachte immer, das wären Kräuter oder Blüten von Blumen, die am Bach wachsen. Es sind Essenzen, die im homöopathischen Bereich wirken sollen. Ich wurde neugierig, weil in meinem bekannten Umfeld darüber gesprochen wurde. Bestimmte Essenzen werden verschiedenen Bereichen zugeordnet – zum Beispiel Angst, Unsicherheit, übertriebene Fürsorge, Mutlosigkeit, Einsamkeit, mangelndes Gegenwartsinteresse, Überempfindlichkeit. Das alles ist mir neu. Im Buch werden Verhaltensweisen beschrieben, für die eine Behandlung mit den entsprechenden Bachblüten besonders geeignet ist. Ich vertiefe mich in das Thema und versuche zu erkennen, ob es Essenzen gibt, die mir dienlich sein könnten. Es gibt sogar Kartensets zu kaufen, um per zufälliger Auswahl die richtige Essenz zu finden. Na ja, denke ich. Da ist mir das gezielte Auswählen doch sympathischer. Ich sehe mir die Blütenbilder an und überlege, welcher Bereich für mich relevant sein könnte. Meine intuitive Antwort ist Angst.

Habe ich Angst? Vielleicht. Vermutlich nicht mehr oder weniger wie jeder andere Mensch auch, resümiere ich.

Ich beschließe, das erste Mal einen zweitägigen Kurs zu besuchen. Ich melde mich an und buche das Hotel. Meinem Mann verschweige ich meine Absicht. Vorerst, denn es wird etwas mystisch und meditativ. Aber ich freue mich darauf, die Buchautorin kennenzulernen, die mich mit ihren Lebenslektionen fasziniert. Mein Mann reagiert gelassen, als ich ihm erzähle, dass ich mich für ein Seminar angemeldet habe. „Ja, mach das, wenn es dich interessiert", sagt er. Ja, es interessiert mich. Mich interessiert, dass es kein Zufall ist, dass ich bin, rieche und fühle. Dass es Antworten gibt, die einen Sinn ergeben, auch wenn es wissenschaftlich nicht belegt werden kann. Es gibt keine Beweise, dass unser Leben möglicherweise eines von vielen ist. Dass es ein allumspannendes Ganzes gibt, das einen Sinn ergibt. Dass es einen freien Willen gibt und ich mich nicht in der Opferrolle sehen sollte.

Als ich zurückkehre, habe ich ein paar Lebenshilfetools im Gepäck. Imaginationen, die mich stärken: Erinnerungen, die mich nachträglich zum Lächeln bringen. Mich von Blumen überraschen lassen, die aus meiner Hand wachsen. Mir vorstellen, wie Ahnen und Menschen mir zulächeln, wie ich meinem Erzfeind Blumen überreiche. Mich an besonders schöne Ereignisse erinnern und mich darin suhlen. Es fällt mir nicht leicht, mit visuellen Vorstellungen zu arbeiten. Es ist neu für mich. Und nicht nur das.

Gibt es wirklich Wesen, die sich unseren Augen entziehen? Trolle, Kobolde und Hauswichtel? In anderen Kulturen glaubt man daran. Sogar an Drachen. Auf Island gibt es sogar ein Ministerium für Naturgeister. Auch Tiere sollen ihre Begleiter haben. Ich versuche mein Glück und knöpfe mir meine Katze vor. Ich bitte den Gnom oder was auch immer, meiner Katze etwas auszurichten: Sie soll bitte, bitte keine Mäuse mehr ins Haus schleppen. Das tut sie nämlich regelmäßig und mit großem Erfolg. Tatsächlich ist damit Schluss. Nicht nur für eine Woche, sondern den ganzen Winter über. Ich weiß es nicht, ob es an der Jahreszeit liegt oder ob die Katze meiner Bitte nachkommt: keine Mäuse in der Wohnung. Ich beschließe, die Gegenprobe zu machen und spreche erneut mit ihr. Ich wünsche mir wieder eine Maus. Ich bekomme meine Maus. Und nicht nur eine. Meine Katze nimmt ihre Gewohnheit wieder auf. Der erneute Versuch, sie davon abzuhalten, schlägt fehl. Mit Stolz präsentiert sie ihre Beute, treibt Mäuse hinter Küchenschränke, und ich hole die Lebendfangfalle hervor. Eine Maus, die unsere Katze überlebt hat, hat die Freiheit verdient.

Ich sehe unserer Katze zu, wie sie abends durch das Wohnzimmer streicht. Etwas scheint ihre Aufmerksamkeit angezogen zu haben. Ich sehe nichts dort, wohin sie starrt und wo sie schließlich hingeht. Sie hebt ihre Tatze und scheint etwas berühren zu wollen. Nein, es ist kein Insekt oder eine eingebildete Maus. Es ist etwas Größeres. Die Katze sitzt aufrecht und ihre Bewegungen deuten auf eine vorsichtige Kontaktaufnahme hin mit etwas, das ich nicht sehe.

Für den rationalen Menschenverstand ist das nichts. Ich weiß das und deshalb erkläre ich die Beschäftigung mit dem

Mystischen zu meinem heimlichen Hobby. Dennoch macht es mir Angst, mich auf einem Terrain zu bewegen, auf dem ich mich lieber nicht bewegen sollte. Ich kann es nicht benennen. Einerseits, was ist schon dabei? Andererseits ahne ich Unheilvolles.

Ich möchte eine Besorgung in der Stadt machen. Ich gehe zu Fuß, denn die Innenstadt ist nicht weit. In meinen Gedanken bin ich in der Firma. Beim Geld. Wieder einmal. Was ist das für ein Scheiß, denke ich. Kaum haben wir ein paar Kröten auf dem Konto übrig, sind sie schon wieder weg. Es könnte in den nächsten Wochen knapp werden, wenn die Kunden nicht rechtzeitig bezahlen. Immer geht es um Geld, Geld, Geld. Wie wenn es nichts anderes gäbe. Unsere Rechtschaffenheit bringt uns nicht wirklich vorwärts. Vielleicht sollten wir darauf pfeifen, denke ich. Einfach abkassieren, wie andere das auch machen. Scheiß drauf. Das wär es doch: keine Geldsorgen mehr. Geld in Hülle und Fülle!

Ich knicke um. Mein Fußknöchel schmerzt. Kleine Sünden straft der liebe Gott sofort, kommt mir in den Sinn. Ich stelle den Fuß auf den Boden und belaste ihn vorsichtig. Er ist heil, Gott sei Dank. War ja nur so ein Gedankenspiel, das mit dem Abkassieren, sage ich wortlos und blicke zum Himmel.

Ich bin kein Opfer

„Was soll ich denn tun? Ständig will jemand etwas von mir. Man lässt mich doch nicht in Ruhe", sage ich und blicke auf den Teppich. Es ist ein Perserteppich mit feinen Mustern.

„Weißt du, ich mag den Satz gar nicht. Du schiebst dich gerade in die Opferrolle", sagt sie.

Der Teppich hat in seinen Ornamenten kleine blaue Blüten. Ich blicke nicht auf. Ich sei kein Opfer der Umstände, meint sie. Was bin ich dann, frage ich mich.

„Vielleicht solltest du einen anderen Blick darauf werfen."

Das Blau in dem Teppich fällt gar nicht auf. Das Muster ist sehr filigran und Rot ist die dominierende Farbe.

„Es sollte den anderen eine Ehre sein, dass du etwas für sie tust."

Ich blicke auf. Wie?

„Übe dich doch mal darin, wenn zum Beispiel ein Telefonat ausufernd wird, dass du es abkürzt. Sei freundlich, aber bestimmend. Lass dich nicht immer gleich vereinnahmen und genehmige dir auch einmal eine kleine Ausrede."

Das Gespräch gibt mir zu denken. Weniger darüber, dass ich ab und zu ein wenig flunkern könnte, um mir etwas Freiraum zu schaffen. Sondern die Geschichte mit dem Opferdasein lässt mich grübeln. Ich bin kein Opfer. Was bin ich dann, frage ich mich, und denke an die vielen Situationen, in die ich geraten bin. Niemand ist ein Opfer oder zufällig in einer Situation verhaftet. Wir haben es alle in der Hand, wie wir handeln oder entscheiden. Solche Sätze habe ich schon öfters gehört oder gelesen. Erwarte nicht die Hilfe von anderen. Du hast selbst zwei Arme, mache etwas Positives aus der Situation.

Das ist einfacher gesagt, als getan, denke ich. Aber das vorherige Gespräch definiert den Zeitpunkt, wann ich für mich entscheide, mich nicht mehr in die Opferrolle drängeln zu lassen: „Die anderen haben ...", „Wenn damals nicht das und das gewesen wäre ...", „Ich konnte nichts dafür ..." – solche Sätze, auch wenn sie augenscheinlich stimmen, sind bequem. Aber sie berauben mich meiner eigenen Macht. Der Macht, die in mir wohnt und mein Leben bestimmt.

Wer bin ich?

Kindheitserinnerung

Ich bin noch keine zehn Jahre alt. Ich spiele alleine zu Hause in unserem Hof. Ich werfe den Ball an die Wand. Drehe mich dabei, werfe ihn rücklings über den Kopf, klatsche einmal, zweimal, dreimal, bis ich den Ball wieder fange. Auf dem Beton habe ich mit Kreide Quadrate eingezeichnet, springe abwechselnd mit einem Bein und mit beiden Füßen in die Felder. Ich spiele und trainiere, bis ich fehlerfrei über die Felder springe oder jeden Ball fange. Ich halte inne in meinem Spiel. Wer bin ich eigentlich? Wer ist das, der hier springt? Ich kneife mich ins Bein. Ich spüre den Druck, den Schmerz, wenn ich fester drücke. Nur ich kann ihn spüren. Ich bin ich. Ich kneife mich nochmals. Niemand spürt das, weder meine Eltern noch meine Geschwister. Und wer ist das, der das gerade denkt? Ich. Ich bin hier auf dieser Welt. Ich sehe, ich fühle, ich höre, ich rieche. Komische Sache.

Manches Mal denke ich, dass ich beobachtet werde. Dass alles, was ich mache, aufgenommen wird. Wie ein Dokumentarfilm über einen werdenden Star. Die unsichtbaren Filmer interessieren sich für mich. Werde ich einmal ein Star? Ich kann mich nicht gut verstellen und daher werde ich kaum Schauspielerin werden können, resümiere ich. Und bei meiner Stimme liegt auch keine Gesangskarriere vor mir. Was könnte es denn sein? Ein Buch schreiben? Nein, ich bin ein normaler Mensch und unsichtbare Augen gibt es nicht.

Höllengefährten

„Du hast es doch gesagt", sagt sie und verschränkt ihre Arme.

Nichts habe ich. Da muss sie mich falsch verstanden haben.

„Wir haben darüber gesprochen. Aber so geht es nicht. Tut mir leid", antworte ich.

Ich sehe an ihren Blick, wie sie auf stur schaltet. Sie verdreht mir die Wörter im Mund, denke ich und verschränke auch meine Arme. Ich betrachte sie und vermute, dass sie jetzt mir den schwarzen Peter zuschieben möchte.

„Ich habe es doch gleich gesagt. Aber auf mich hörst du nicht", sagt sie und sieht mich mit zusammengekniffenen Augenbrauen an.

Tun, denke ich. Einfach mal tun, statt gute Tipps zu verteilen und es besser zu wissen.

„Dann hättest du dich mal auf die Hinterbeine stellen sollen", sage ich.

„Ich konnte doch nicht. Ich hatte Stress und da war noch der Unfall."

Ich antworte nicht. Wer will, findet einen Weg, der andere findet Gründe. Ich spreche den Satz nicht aus, obwohl er mir auf der Zunge liegt.

„Außerdem ist das deine Sache. Du hättest dich doch darum kümmern sollen", setzt sie eins drauf.

Ich schnaube. Jetzt wird es mir zu bunt.

„Habe ich doch!", schreie ich.

Dann knallt es. Wortgewaltig. Am Schluss fliegen die Türen.

Ich ärgere mich. Vor allem, weil ich mich habe provozieren lassen und meine Beherrschung verloren habe. Ich glaube, sie zu kennen, und mir schwant nichts Gutes: Ich bin jetzt der Buhmann. Ich bin der Arsch und das wird herumerzählt, da bin ich mir sicher.

Ich dampfe innerlich und führe virtuelle Gespräche. Mit ihr und mit Menschen aus meinem Umfeld. Ich verteidige mich. Auch bei Personen, die ihr näher stehen als mir. Ich kotze mich aus. In Gedanken. Ich puste ins Feuer im Namen der Aufklärung. Wisst ihr eigentlich? Sie hat doch schon immer. Ihr könnt euch doch nicht auf der Nase herumtanzen lassen. Ich schicke sie durchs Höllenfeuer und genieße die Genugtuung. Ja, sagen die anderen. Du hast recht. Sie wenden sich von ihr ab. Da hast du's, sage ich und schmücke mich mit einem Heiligenschein. Ich stehe mit meiner Frömmigkeit neben ihr und erst jetzt erkenne ich, dass ich mich dabei selbst in der Hölle befinde.

Blickwinkel verändern den Schattenwurf

Ein Mann, den ich beruflich kennengelernt habe, hat mich mit dem Auto ein Stück mitgenommen. Am Ziel bleiben wir noch im Auto sitzen, denn wir sind in eine Unterhaltung vertieft. Er erzählt mir vom Tod seines Vaters. Nach außen war dieser ein angesehener Mann, aber innerhalb der Familie ein Tyrann. Er meint seinen Vater, auch nach dessen Tod, noch um sich zu spüren. Er empfindet es als unangenehm und kalt. Er selbst hat es in der Familie nie leicht gehabt, weder mit seinem Vater noch mit seiner Mutter. Sie schien ihn, ihren eigenen Sohn, abzulehnen. Es war nie einfach, sagt er und seufzt. Doch heute kann er es einordnen. Ja, heute hadert er nicht mehr damit und sucht nicht mehr wie früher die Schuld bei sich. Jetzt erst, nach dem Tod des Vaters, weiß er, dass seine Mutter sich trennen wollte. Für damalige Zeiten war das ein sehr gewagter Schritt. Doch dann wurde seine Mutter schwanger, mit ihm. Nun gab es für seine Mutter keine andere Option, als ein Leben zu führen, das sie nicht wollte.

In einem Hotel treffe ich auf eine Frau. Wir sitzen beim Frühstück zusammen und sie erzählt aus ihrem Leben. Sie hatte zu ihren Vater ein gespaltenes Verhältnis. Hauptsächlich waren es seine politischen Parolen, die sie auf Abstand hielten. Doch eines Tages stellte sie sich ihren Vater als Kind vor. Sie sah einen Jungen. Er lächelte und wirkte herzzerreißend. Dieses Bild veränderte schlagartig das Verhältnis zu ihrem Vater. Sie sah nicht mehr vorrangig den schwierigen Kauz, der er noch immer war, sondern auch den Jungen, der er immer noch geblieben ist.

Ich mag solche Geschichten, bei denen die Groschen fallen. Als ich in einer Fernsehtalkrunde einer Frau zuhöre, die Menschen durch Krisen und in Lebensfragen zur Seite steht, denke ich: Wow! Was muss diese Frau schon an Erfahrungsschatz, ja an Lebensweisheiten, parat haben. Ich empfinde sie als klar und kompetent. Wie gerne würde ich Mäuschen in ihren Sprechstunden sein. Ihren Antworten lauschen und für mich selbst das eine und andere mitnehmen.

„Stellt eure Fragen, ihr werdet Antworten erhalten. Ihr müsst nur hinhören. Die Antworten kommen meist leise. Beim Spazieren, in der Natur oder unter der berühmten Dusche", sagte damals die Seminarreferentin. Wenn das so einfach wäre, denke ich und fahre mit dem Auto vom Supermarkt weg. Warum werde ich keine Kinder bekommen? Du hattest in früheren Leben mit Kindern genügend Sorgen, poppt ein Gedanke auf.

Zu einem späteren Zeitpunkt wird mir dieser Gedanke zur Gewissheit. Ich will in diesem Leben keine Kinder. Ich will frei sein.

Durch dieses Wissen fällt es mir leicht damit umzugehen. Es ergreift mich keine Wehmut, wenn ich Kindern begegne. Es ist richtig, wie es ist.

Respekt

Ich bin bei einem unserer Kunden. Ich stehe am Fenster und schaue durch dieses hinaus in die Betriebshalle. Dort wird Fleisch zerlegt. Während mein Mann noch am Computer arbeitet, betrachte ich das Geschehen, welches sich vor meinen Augen abspielt: Förderbänder transportieren Fleisch, Hände hantieren mit Messern und zerteilen es, entfernen Knochen und ziehen die Stücke über eine Maschine, die die Schwarte entfernt. In der Halle ist es kalt, denn es handelt sich um verderbliche Ware, die bei konstanter kühler Temperatur bearbeitet werden muss. Die Arbeiter tragen Thermokleidung und sind durch Kettenhemden und Handschuhe vor ungewollten Verletzungen geschützt. Ein wenig erinnert es mich an einen Operationssaal. Die Menschen tragen Mundschutz. Die Haare verschwinden vollständig unter der Hygienekleidung. Von ihren Gesichtern ist nur wenig zu sehen, hauptsächlich die Augen. Ich sehe den Menschen zu und meine Aufmerksamkeit richtet sich auf eine Frau. Eine der wenigen in der Männerdomäne. Sie muss hier aus der Gegend stammen wie die meisten anderen auch. Ich schätze sie zwischen dreißig und vierzig Jahre alt. Ihre Wangen treten rundlich hervor und die Augen hinter der dicken Brille wirken abwesend. Ihre Bewegung ist erkennbar ungelenker als die der Männer. Armer Tropf, denke ich. Aber was weiß ich schon über diese Frau? Vielleicht hat sie Familie, vielleicht auch nicht. Wie geht es ihr dabei, stundenlang immer das Gleiche zu machen? Wie ist es, sich in die monotone Maschinerie einzufügen? Ist sie froh, dass sie diesen Job hat?

Ich höre, wie mein Mann genervt stöhnt. Die Technik hat ihre Tücken. Wir wollten schon längst auf dem Heimweg sein. Es ist Freitag und wir sind immer noch hier. Ich blicke ihn an. Er ist gestresst. Er reißt sich am Riemen, damit er nicht ausrastet. Es sind die Momente, in denen wir unseren Job alles andere als lieben. In denen wir gerne davonlaufen würden. In denen wir uns schelten, dass wir ihn überhaupt machen.

Ich schaue wieder in die Halle. Mein Blick fällt abermals auf die Frau. Ich kann mir nicht vorstellen, mein Geld wie sie verdienen zu müssen. Ich würde ihre Arbeit auch für viel Geld nicht tun wollen. Plötzlich entdecke ich einen großen Respekt vor dieser Frau. Sie macht etwas, was ich nicht könnte.

Wunder gibt es

Kindheitserinnerung

Meine Oma zeigt mir Heiligenbildchen, die sie in ihrem Gebetsbuch verwahrt. Pater Pio, sagt sie, bekomme jedes Jahr zu Ostern Wundmale an seinen Händen. Von Pater Pio spricht sie gerne. Er ist für sie ein Heiliger, auch wenn zu diesem Zeitpunkt die Kirche ihn nicht als solchen anerkannt hat. Ich sehe mir die Bilder mit den Stigmata an. Oma glaubt an die Wunder. Sie trägt auch ein Medaillon von Lourdes. Sie erzählt mir von Bernadette, deren Leiche niemals verwest ist. Ich stelle die Marienerscheinungen, Fatima und diese Wunder nie infrage. Ich wachse mit ihnen auf. Doch ich blicke skeptisch auf die Menschen, die ihre Gebete herunterratschen. Ich kann mir nicht vorstellen, dass diese eine Wirkung haben, wenn man nicht mit Inbrunst dabei ist. Ich sehe mir die Menschen in der Sonntagsmesse an und überlege, ob sie ihre Anwesenheit als Garant für ihr Seelenheil sehen. Sind ihre Gebete nur Lippenbekenntnisse? Denn von Montag bis Samstag begegnen mir manche alles andere als fromm.

Einige Jahre später schreibe ich einen Brief an den Pfarrer. Anonym. Er sagte, er wolle wissen, was die Jugend denkt. Ich schreibe mir meine Gedanken von der Seele. Über die Scheinheiligkeit und die Borniertheit der Erwachsenen.

Mein Gesicht erstarrt, als ich mein Schreiben, Wort für Wort, im Pfarrbrief abgedruckt finde. Der Brief füllt den ganzen Inhalt. Die ganze Pfarrgemeinde liest, was ich geschrieben habe. Auch meine Eltern lesen es. Sie sagen nichts dazu, sondern legen den Pfarrbrief zur Seite, dorthin, wo er immer liegt und von wo er irgendwann in den Müll wandert. Ich traue mich nicht, eine Diskussion darüber zu beginnen, und schon gar nicht, zu sagen, dass ich die Verfasserin bin. Es ist und bleibt mein Geheimnis. Insgeheim bin ich stolz darauf, weil er hundert-, vielleicht sogar tausendfach gelesen wurde und – wer weiß – der eine oder andere darüber nachgedacht hat.

Fünfzehn Jahre später.

Ich finde ein Buch über Medjugorje. Ich bekam es einmal geschenkt und habe es nie gelesen. Der Balkan und Bosnien sind weit weg. Was interessieren mich Hunderte von Wallfahrern, die zu dieser Kirche pilgern. Schon möglich, dass an der Marienerscheinung etwas dran ist, denke ich und lege das Buch wieder zur Seite.

Doch ich greife wieder danach. Einer der Gründe ist, dass ich nichts anderes zu lesen finde. Ein weiterer: Was weiß ich eigentlich darüber? Ich will die Botschaft erfahren. Wenn Maria den Kindern erschienen ist, was hat sie gesagt? Das interessiert mich. Ich lese das Buch und werde dennoch nicht schlau daraus. Es geht um Geheimnisse, die sich in Zukunft ereignen würden. Dennoch bringt mich das Buch zum Nachdenken. Entweder ist das alles fauler Zauber oder es gibt außerhalb meines Horizontes mehr, als ich erahnen kann.

Mich faszinieren die Wunder. Es ist mir klar, dass manche vermeintliche Wunder sich im Lichte der modernen Wissenschaft erklären lassen. Dennoch gibt es sie: Menschen, die keine Nahrung mehr zu sich nehmen. Indische Asketen, die jahrelang irgendwo sitzen und meditieren. Spontanheilungen und Menschen mit scheinbar übernatürlichen Gaben. Es gibt sie zuhauf und immer gibt es kritische Stimmen, die dementieren, die von Manipulation sprechen. Ich lese eines Tages von Statuen, die in hinduistischen Tempeln Milch von davorgehaltenen Löffeln tranken. Das „Wunder" dauerte einige Tage an und geschah in den Tempeln zeitgleich. Die Milch verschwand aus den Löffeln. Ich bin verwundert, dass dieses Ereignis, das sich vor knapp zwanzig Jahren zugetragen hat, an mir vorbeigegangen ist. Als ich mit einer befreundeten Inderin zusammentreffe, frage ich sie, ob sie darüber etwas weiß. Ja, das war so, sagt sie. Ich war dabei und habe es gesehen.

Ich habe die Dankesbotschaften gesehen, die an einem Seitenaltar in einer Wallfahrtskirche, angepinnt sind. Danke, Maria. Maria hat geholfen, steht auf den meisten dieser Karten. Ich stehe davor und kenne die Geschichten dahinter nicht. Doch die Menschen, die hier ihren Dank offenkundig machen, sind von der übernatürlichen Hilfe überzeugt. Mich tröstet der Gedanke, dass es Hilfe gibt. Ja, vielleicht uns sogar ein Wunder zuteil werden kann.

Wie gewonnen, so zerronnen

Mein Papierkorb im Büro quillt über. Ich trage ihn zur Mülltonne hinaus. Kopfüber entleere ich ihn. Was ist denn das, frage ich mich. Zwischen Papier und anderem Inhalt segelt ein Fünf-Euro-Schein in die schwarze Tonne. Tatsächlich ein richtiger Fünf-Euro-Schein. Wie kommt dieser in meinen Papierkorb? Verwundert greife ich danach.

Auf die mir selbst gestellte Frage, wie er in den Müll gelangen konnte, finde ich zwei Antworten: Entweder ist er mir aus meiner Geldbörse herausgerutscht, als ich die darin angesammelten Belege entnommen habe, oder er ist beim Nachzählen der Tageskasse von meinem Schreibtisch geradewegs in den Papierkorb gesegelt. Die Herkunft, somit auch der rechtmäßige Eigentümer lassen sich nicht eindeutig klären.

Egal, sage ich mir. Ich freue mich über den ungewöhnlichen Fund und stecke den Geldschein in die Hosentasche. Danach gehe ich zurück ins Büro und nehme meine Arbeit wieder auf. Meine Augen überfliegen die Überweisungsvorschläge und ich bestätige die Onlineüberweisung mit Ok. Schnell drucke ich das Überweisungsprotokoll aus. Ordnung muss sein.

Himmel! Da war eine Überweisung dabei, die ich nicht anweisen wollte! Ich warte noch auf eine Rückzahlung des Lieferanten. Jetzt bezahle ich eine Rechnung, die ich prima mit seiner Gutschrift hätte verrechnen können. Ich kenne meinen Pappenheimer. Es dauert, bis er bei solchen Sachen in die Gänge kommt. Mitunter lange.

Ich greife zum Telefon und rufe bei der Bank an. Ist es möglich, diese Überweisung zu stoppen? Ja, das könne sie machen, sagt mir die Dame. Ihre freundliche Stimme erklärt mir weiter, dafür werde eine Gebühr von fünf Euro fällig. Soll der Überweisungsauftrag storniert werden, fragt sie mich. Ich atme tief ein und sage Ja. Wie gewonnen, so zerronnen.

3.

Ich merke, wie zunehmend meine Hände zittern, wie mein Schlaf unruhig wird. Nicht jeder Tag ist gleich. An manchen Tagen ist die Welt für mich wieder in Ordnung. Ich sitze gerne am Schreibtisch und die Probleme scheinen zu bewältigen zu sein. Da haben wir doch schon ganz andere Dinge in der Vergangenheit geschaukelt, denke ich. An anderen Tagen habe ich das Gefühl, dass ich nicht mehr kann. Dass mir alles zu viel wird. Ich weiß nicht, was mit mir los ist. Ich möchte raus. Flüchten. Ich möchte etwas anderes machen. Was, weiß ich nicht.

Ich stehe im Büro. Mein Mann sagt etwas zu mir. Es ist eine alltägliche berufliche Situation. Ich beginne zu schreien. Es ist mehr ein Flennen. Mein Mann möchte, dass ich mich beruhige. Ich schlage um mich wie ein Tier, das in die Enge getrieben wird. Dann halte ich die Hände vors Gesicht. Mein Mann sieht mich entsetzt an: Was war das denn jetzt?

So geht es nicht weiter. Ich muss etwas unternehmen. Ich melde mich bei einem Yoga-Kurs an und suche meinen Hausarzt auf. Ich mache auf ihn einen patenten Eindruck, sagt er. Es gibt eben Situationen, mit denen nicht jeder umgehen kann. Wenn sich die äußeren Umstände wieder ändern, normalisiert sich vieles wieder. Er könne mich auch an einen Facharzt überweisen. Aber wahrscheinlich ist es nur eine vorübergehende Verstimmung. Die finanzielle Belastung, unser geplanter Hausbau. Er schreibt mir ein Rezept aus. Eine Dauerlösung sei das natürlich nicht, aber damit könne ich, wenn es mir wieder schlecht geht, Ruhe finden. Ich komme mit einem Medikament nach Hause und studiere am Küchentisch den Beipackzettel. Es ist ein Beruhigungsmittel.

Ein Kundentermin steht an und ich muss nach Hannover. Richtig Lust habe ich dazu nicht. Ich bin die langen Autofahrten leid. Und ich bin es leid, möglicherweise wieder vor ungewollten Herausforderungen zu stehen. Die Tücken in der EDV sind allgegenwärtig. Als ich mich ins Auto setze, habe ich bereits eine von den kleinen runden Tabletten geschluckt. Es geht mir besser damit. Ich nehme sie nicht jeden Tag. Aber dieser Tag ist eben wieder einer, der grau und lustlos ist. Ein Tag, der mir das Gefühl gibt, dem allem nicht mehr gewachsen zu sein. Ich weiß, was auf dem Beipackzettel steht: nicht Auto fahren. Ich mache es trotzdem. Termin ist Termin und das Business ist hart. In meiner Tasche steckt die Pillenschachtel. Für den Fall der Fälle habe ich sie dabei.

Während der Autofahrten mache ich oft das Radio aus. Ich kann dann meine Gedanken besser hören. Ich philosophiere gerne und führe eine Art Selbstgespräch über Dinge des Lebens. Ich mag diese Zeit, die ich mit philosophischen Betrachtungen über die Liebe, über Werden und Vergehen oder über alltägliche Dinge verbringe. Manches Mal denke ich, ich sollte sie aufschreiben. Aber Kilometer später sind diese Gedanken bereits wieder verflogen.

Heute auf der Autofahrt nach Hannover sind meine Gedanken still. Nein, eigentlich sind sie laut. Ich schalte das Radio ein, um sie zum Schweigen zu bringen. Es sind keine Gedanken, die leise schwebend in mein Bewusstsein kommen, die eine Melodie tragen. Meine Gedanken drehen sich im Kreis und haben tiefe Bässe.

Ich komme mit einer Bekannten ins Gespräch. Sie erzählt mir von ihrer Odyssee. Von einer mehrjährigen Behandlung durch Ärzte und Psychologen und von Therapiesitzungen. Es ist mir neu, dass sie das erlebt hat, obwohl ich sie schon länger kenne. Aber wer erzählt schon gerne über sich, wenn die Psyche davon betroffen ist. Es ist eine Erfahrung aus ihrer Kindheit, die sich wie ein trauriger Schleier durch ihr Leben wob. Aus purem Zufall, der mit ihrer Leidensgeschichte nichts zu tun hatte, geriet sie an einen Heilpraktiker. Es dauerte drei Sitzungen und ihre Erfahrung wandelte sich. Jetzt ist er weg, der Schleier, der wie eine Decke auf ihrem Gemüt lag.

Ich werde neugierig. Habe ich denn nicht auch öfters das Gefühl, dass sich eine Traurigkeit durch mein Leben zieht? Drei Sitzungen, sagte meine Bekannte. Ich beschließe, in mich zu investieren, denn die Kosten muss ich wohl privat tragen.

Ich vereinbare einen Termin für einen Check-Up. Vorbehaltlos und neugierig lasse ich mich auf die Behandlung ein, in der es erst einmal darum geht, Blockaden aufzuspüren. Ich stehe mit ausgestrecktem Arm da, spreche Sätze nach und der Heilpraktiker versucht ihn nach unten zu drücken. Kann ich den Widerstand halten, dann ist der Satz wahr. Wir gehen systematisch Lebensphasen zurück und landen in der Zeit, in der ich noch im Bauch meiner Mutter steckte. Da muss ein Vorfall, ein Erlebnis auf mich übergegangen sein, sagt er. Wir gehen mit der Arm-halten-und-drücken-Methode auf Spurensuche. Es sind Verletzungen und Ängste, die ich aufgeschnappt habe. Schließlich lösen wir die Blockaden. Wie das genau vonstattengeht, bringt mich ins Staunen. Ich spreche Sätze nach, während der Heilpraktiker an meinen Zehen massiert. Das Erstaunliche ist, dass es funktioniert. Ich bemerke Tage danach, dass mehr Fröhlichkeit in mir ist. Und sie hält an. Ab dem Zeitpunkt wird mir auch die Frage „Warum schaust du so böse" seltener gestellt.

Die Geburtstagsfeier meiner Mutter steht an. Vorsichtig fragen meine Geschwister, ob ich denn kommen möchte. Ob ich den weiten Weg nach Österreich auf mich nehme? Ich verstehe ihren Wink. Es ist besser, wenn ich der Feier fernbleibe. Insgeheim unterstelle ich meiner Mutter, dass sie meine Geschwister vorgeschickt hat, mich behutsam auszuladen. Nein, ich bin nicht beleidigt. Genau genommen bin ich erleichtert, denn dann bleiben mir möglicherweise Auseinandersetzungen erspart. Man kann eben nicht miteinander, beziehungsweise mit mir.

Als ich das nächste Mal wieder bei meinem Heilpraktiker bin, legen wir Zettel auf den Boden, die meine Familie darstellen sollen – meine Geschwister, meinen Vater und meine Mutter. Ich stelle mich darauf, fühle mich hinein. Ordne die Zettel um. Wer steht sich gegenüber, wer nebeneinander. Ich stelle mich wieder darauf, fühle wenig. Ich fühle mich überfordert. Ich kann das nicht. Doch, sagt der Heilpraktiker und er verweist auf meine Körperhaltung, die sich verändert, je nachdem, auf welchem Zettel ich stehe. Er lässt mich erneut die Zettel am Boden verschieben, erklärt, wie die Familienmitglieder zusammenstehen. Als ich seine Praxis verlasse, bin ich ratlos. Das soll etwas gebracht haben?

Es dauert keine zwei Tage und meine Mutter ruft bei mir an. Das macht sie eigentlich nie. Ich möchte, dass du kommst, sagt sie. Es ist mein Geburtstag und du sollst dabei sein, bekräftigt sie. Gut ich komme, antworte ich. Als wir das Gespräch beenden, bin ich verwundert. Da rühre ich mit dem Heilpraktiker im Energiefeld der Familie und schon tritt eine Veränderung zutage. Oder war es nur Zufall?

Ich bin kraft- und mutlos. Es geht mir vieles nahe. Während ich durch die Stadt gehe, bin ich in Gedanken. Wie können die Betriebe überleben, bei denen ich wenig Kundenfrequenz erahne? Ihnen geht es womöglich schlecht. Ich möchte die Sorgen von anderen Menschen von mir weisen. Dennoch sammle ich sie auf dem Weg ein und schleppe sie mit mir.

Das mit den Beruhigungstabletten sollte ich bleiben lassen, rät mir der Heilpraktiker. Aufräumen und dem Leben eine Richtung geben, ist seine Devise. Ich brauche ein Ziel. Als ich zu Hause die Haustüre öffne, bin ich guten Mutes. Wird schon wieder. Noch immer schwingt die Frage nach einem Ziel in meinem Leben mit. Ich habe keines, habe ich geantwortet. Ich sollte aber eines haben, hat der Heilpraktiker gesagt.

Was Sinnvolles machen? Ich überlege, was es sein könnte. Vielleicht sollte ich mich irgendwo ehrenamtlich betätigen? Ich erinnere mich an ein Gespräch, das ich vor längerer Zeit mit einer Frau geführt habe. Sie erzählte von ihrer Hospizarbeit. Wäre das eventuell etwas für mich? Ich weiß es nicht. Ich suche mir die Telefonnummer der örtlichen Anlaufstelle heraus und notiere diese. Ich lege den Zettel auf meinen Schreibtisch. Dort könnte ich mal anrufen, mich erkundigen. Ein Ziel haben, etwas Sinnvolles machen. Gleichzeitig weiß ich aber auch, dass mich eine ehrenamtliche Tätigkeit überfordert. Wie soll ich das machen, wenn mein Tag schon generell zu kurz ist und ich kaum meine eigene Arbeit bewältigen kann? Ich rufe nicht dort an und irgendwann verschwindet der Zettel von meinem Schreibtisch.

Ich kann die Frage nach meinem Ziel nicht beantworten. In vielen Dingen habe ich mich bisher nach meinen Mann gerichtet. Motorradfahren. Ich begleitete ihn mehrmals auf einer Rallye durch die ungarische Puszta. Auf aus dem Rahmen fallende Events. Dann kam das Tauchen. Nun haben wir einen Fuß in einer Zweitfirma. Das Metier ist so anders, eine Spielwiese für Erwachsene. Ein Betrieb, den wir auf Vordermann gebracht haben. Es macht mir Spaß. Wochenenden, die wir mit Renovieren, Reparieren und mit wirtschaftlichen Überlegungen verbracht haben.

Ich habe überall mitgemacht. Und ich will unsere Unternehmungen auch nicht missen. Sie sind nicht falsch.

Ich muss hier raus. Aber ich weiß nicht wohin. Immer öfter übermannt mich diese Angst, dass das alles nicht richtig ist, was ich mache. Dass ich auf dem verkehrten Platz bin. Ich gehöre nicht hierher. Ich muss die Konsequenz ziehen, ich muss etwas anderes tun. Meine Gedanken laufen Amok. Ich muss neu beginnen. Meinen Mann verlassen, mir einen Job und eine Wohnung suchen, irgendwo. Aber weit weg. Vielleicht im Ausland. Entwicklungshilfe oder so. Möglicherweise ist es das, was man den Ruf der Seele nennt. Ich habe Angst davor. Ich öffne das Internet und suche nach Entwicklungshilfe. Ich klicke mich durch Seiten und lese. Nein, die wollen mich nicht. Die Anforderungsprofile entsprechen nicht meiner Qualifikation. Und ich bin erleichtert.

Wir sind zum Geburtstag eingeladen. Ich sitze mitten in der kleinen Gästeschar und die Gespräche laufen links und rechts an meinen Ohren vorbei. Nächstes Jahr bin ich nicht mehr hier, denke ich und ich starre auf den Treppenaufgang. Was los ist? Ich blicke in die Runde. Was los ist mit mir, werde ich gefragt. Nichts. Ich schüttle den Kopf.

Doch da ist auch die andere Seite. Die, die ich kenne. Die, die ich meine zu kennen. Die, die ich bin. Die, die mit beiden Beinen im Leben steht. Die, die sich selbst nicht versteht. Was ist los mit mir? Warum sind da Tage, Stunden, die alles infrage stellen? Es erinnert mich an eine Filmszene aus einem alten Otto-Film. Auf seinen Schultern sitzen Engelein und Teufelchen. Sie flüstern ihm abwechselnd ins Ohr. Nur eine der beiden Stimmen wird bei mir immer lauter. Sie spricht davon, dass ich am falschen Platz bin. Dass ich woanders neu anfangen sollte. Immer öfter wache ich nachts auf und kann nicht mehr schlafen.

Ich muss mir helfen lassen und vereinbare wieder einen Termin bei dem Heilpraktiker. Außerdem haben wir einen Bauplatz gekauft. Ich kann doch nicht alles hinschmeißen.

Ich betrete unseren Bauplatz. Es ist ein Südhang, wie ich ihn mir immer vorgestellt habe. Wir haben Ausblick und Sonne. Ich stapfe durch das Gelände und nehme es genauer in Augenschein. Der Hang wurde bereits vom Vorbesitzer befestigt und gerodet. Doch die Natur hat sich in der Zwischenzeit ihren Platz zurückerobert. Gras, Hirse und allerlei Unkräuter überdecken die Erde. Da sind sogar Blumen, die überlebt und sich durchgekämpft haben. Mein Blick verharrt auf gelb blühenden Blumen. Meterhoch ragen sie empor und tragen sonnenblumenartige Blüten. Sie kommen mir bekannt vor. Hatte meine Großmutter nicht solche im Garten? Ich muss sie unbedingt retten, bevor die Bauarbeiten beginnen. Ich werde das nächste Mal einen Spaten mitbringen und die staudenartigen Blumen an eine andere Stelle verpflanzen. Die Blumen meiner Oma.

Meine Oma ist gestorben, als ich vierzehn war. Früh genug, dass ich sie als liebe Oma – mit all ihren Eigenheiten – in Erinnerung habe. Sie wohnte bei uns im Haus und ich mochte sie. Als Kind hat sie Brettspiele mit mir gespielt. Sie hat das Geschirr abgewaschen, während ich am Küchentisch saß und meine Hausaufgaben machte. Sie hat freitags oft gekocht. Dann gab es Süßspeisen. Meine Geschwister und ich mochten sie, die Marillenknödel, den Grießauflauf, den Milchreis und die Blechkuchen. Letztere gab es meist einmal die Woche und die Kuchen waren abends bereits gemeinschaftlich von uns allen weggeputzt.

Ich schreibe, dass meine Großmutter früh genug gestorben ist. Ja, das ist sie. Sie ist gestorben, bevor ich flügge geworden bin. Sie war sehr, sehr katholisch und konservativ. Und ich war kein braves Mädchen. Eines, das sich seine Flügel nicht stutzen lassen wollte. Die dort sein wollte, wo etwas los war, und auf Tradition gepfiffen hat.

Ich liebe Kuchen und mein Mann liebt Wurst. Das gehört zu seiner Erinnerung an eine glückliche Kindheit. Wir haben abends von einem befreundeten Techniker Besuch und unser Abendbrottisch ist mit dem gedeckt, was der Kühlschrank hergibt. Zu dritt sitzen wir am Tisch und ich schneide eine Avocado auf. „Willst du auch?", frage ich unseren Gast. Er blickt mich an und ich erkenne in seinem Blick, dass ihm die Frucht fremd ist. „Gab es denn Avocados nie bei euch daheim?", frage ich. Während ich den letzten Satz formuliere, erkenne ich seine Brisanz. Ich. Ich Klugscheißer. Ich Frau von und zu bestickter Tischdecke wage es, ihm sein familiäres Nest anzukreiden, dem er entschlüpft ist. Doch zu spät. Der Satz ist ausgesprochen und ein böser Blick richtet sich gegen mich.

Blut ist dicker als Wasser, sagt ein altes Sprichwort. Pack schlägt sich, Pack verträgt sich, ein anderes. Ich weiß, wie dick das familiäre Band sein kann, auch wenn die Distanz groß ist. Egal, wie alt ich bereits bin, ich bleibe Kind. Ich ringe um Anerkennung, Wohlwollen und um Liebe. Es ist schwer eigene Wege zu gehen, ohne wenn und aber. Es tut weh, wenn andere Menschen über mich oder Familienmitglieder urteilen. Auch, wenn diese, rational gesehen, recht haben. Die Familie bleibt dennoch etwas Heiliges.

Der Hausbau fordert seinen Tribut. Der Vertrag mit der beauftragten Firma ist unterschrieben. Die Finanzierung steht und die Bagger rollen an. Noch kann ich Freude darüber empfinden. Doch zusehends fällt es mir schwerer. Zieht sich doch diese nebulöse Angst, diese Energielosigkeit, dieser Ruf nach Flucht durch mein Gemüt. Die Idee mit der neuen Küche blocke ich ab. Ich will keine zusätzlichen Kosten, keine weiteren Schulden. Die alte wird es schon irgendwie tun, selbst wenn wir improvisieren müssen.

Noch erkenne ich nicht, dass ich auf kerzengeradem Weg bin, in eine Depression zu rutschen. An manchen Tag muss ich mich überwinden, die Baustelle zu betreten. Ich mache mir Gedanken darüber. Was ist los mit mir? Ist es die Angst, festzusitzen? Eine falsche Entscheidung getroffen zu haben? Oder ist es gar die fehlende Erlaubnis von meinen Eltern, zu denen der Kontakt auf ein Minimum reduziert ist? Ich erwarte von ihnen weder Applaus noch Unterstützung. Im Gegenteil. Es ist ein Schritt, der nochmals verdeutlicht, dass ich mich von ihnen losgesagt habe. Dass ich nicht ihrem Entwurf für mein Leben gefolgt bin und keine Landwirtin geworden bin.

Ich bin froh, dass wir den Auftrag zum Hausbau an eine Firma vergeben haben. Fast schlüsselfertig werden wir es übernehmen. Sogar die Böden werden verlegt. Nur um die elektrische Verkabelung und um das Tapezieren der Wände wollen wir uns selbst kümmern. Der ganze Bau dauert nur einige Monate, so minimiert sich die finanzielle Doppelbelastung von Miete und Darlehensrückzahlung sowie der Stress, neben dem Beruf noch mit dem Hausbau belastet zu sein. Trotzdem stellt sich eine Beklemmung ein, wenn ich an eine Baustelle denke. Dafür bin ich nicht gemacht, so etwas zu managen.

Noch wohnen wir zur Miete und ich nagle im neuen Haus unter Anweisung meines Mannes Kabel an Böden entlang. Er legt Wert darauf, dass diese gleichmäßig im gleichbleibenden Abstand nebeneinander liegen. Ja, man kann eine Arbeit, wenn man sie macht, auch schön machen. Egal, ob diese in ein paar Tagen unter dem Estrich auf Nimmerwiedersehen verschwindet. Ich mache mich über seine Marotte der Kabelverlegung lustig. Auf alle Fälle sieht es gut aus, auch wenn es später niemand sieht. Ich lache, ich freue mich über das neue Zuhause. Heute.

Doch das Morgen kann wieder anders aussehen. Ist es eine Hausbaudepression? Ich google danach. Die Anfrage ergibt keine Treffer.

Ich schnappe mir eine Gartenliege und bringe sie in das neue Haus. Ich schlage sie in dem Raum, welcher einmal unser Gästezimmer werden soll, auf. Ich lege mich darauf. Heute ist es besonders schlimm. Ich versuche zu ruhen, mich in dem Haus wohlzufühlen. Es gelingt mir nicht. Stattdessen kreisen meine Gedanken um ein Aus. Um die Sehnsucht, nicht mehr sein zu müssen. Wie stellt man so etwas am besten an? In der kleinen Wohnung über unserer Zweitfirma steht ein Ofen. Wir öffnen immer die Fenster ein Stück weit, wenn wir den Ofen einheizen. Wir wissen um die Gefahr der Müdigkeit, die sich rasch einstellt, wenn sich der Sauerstoff verbraucht. Man schläft einfach ein.

Ich weiß nicht, was richtig oder falsch ist. Ist mein Leben an einem Wendepunkt angekommen? Ist es Zeit, etwas Neues zu beginnen? Ist es Zeit, das Alte hinter mir zu lassen? Ich schlage ein Buch auf. Es ist ein Lebenshilfe-Ratgeber. Wahllos blättere ich eine Seite auf und beginne zu lesen. Die Überschrift des Kapitels heißt: Mit dem Problem reden.

Die Autorin empfiehlt, sich das Problem als menschähnliche Wesenheit vorzustellen. Wie tritt es auf? Ist es unscheinbar, ein schönes Mädchen, eine Spukgestalt, ein Monster? Wirkt es arglos oder fürchterlich? Wie ist die Mimik, wie steht es vor einem? Man solle das Wesen neugierig, ja liebevoll betrachten und danach mit ihm ein Gespräch beginnen.

Ich schließe meine Augen und stelle mir das Problem vor. Ich sehe ein Monster. Es ist riesengroß. Es zeigt sich drachen- und schlangenhaft. Es ist ein Verschling-mich-Ungeheuer. Ich öffne meine Augen. Ich will es nicht ansehen und klappe das Buch zu. Mit einem Monster will ich nicht reden. In dem Augenblick wird mir klar, dass sich ein Ruf der Seele kaum als Monster darstellt. Ich schließe nochmals meine Augen. Das Ungeheuer ist wieder da. Ich muss es mit einem Monster aufnehmen, wenn ich mein Leben wieder in den Griff bekommen möchte.

Ich laufe im Wald, mache Yoga-Übungen, schlafe kaum noch eine Nacht durch. Meine Arbeit versuche ich, so gut es geht, zu erledigen. In mir dröhnt es wie ein Radio, das mich dauerbeschallt. Es fällt mir zunehmend schwer, mich zu konzentrieren. Selbst etwas zu lesen, ist oft nicht möglich. Fernsehsendungen kann ich nur ansatzweise folgen. Ich starre auf die Mattscheibe und registriere kaum, was ich sehe und höre.

Aus Maulwurfshaufen werden Berge. Alles macht mir Angst. Geld ausgeben, Zukunftspläne, unser Haus. Selbst Termine, die ich früher mit Bravour gemeistert habe, möchte ich nicht mehr wahrnehmen. Ich fühle mich überfordert. Ich bin bereits überfordert, wenn ich in den Kühlschrank schaue. Ich muss einkaufen. Ich fühle mich gelähmt, kraftlos und unkoordiniert. Vielleicht sollte ich Medikamente nehmen. Ich sehne mich nach einem Ort, wo ich ruhig und still sitzen kann. Wo ich vor mich hinstarren darf, vielleicht aus dem Fenster blicke und andere für mich da sind. Ich erzähle das meinem Heilpraktiker. Er fragt mich, ob das mein Ernst sei? Ob ich schon einmal im Bezirkskrankenhaus für Psychiatrie gewesen sei? Mir die Menschen angesehen habe, die nur noch vor sich hinstarren? Sei das mein Wunsch, so zu werden?

Meinem Mann entgeht nicht, dass es mir schlecht geht. Ich esse weniger, bin oft appetitlos. Ich möchte im Bett liegen bleiben, und die Tage, an denen ich wenig auf die Reihe bekomme, werden immer mehr. Er hofft, dass meine Verstimmungen wieder vergehen. Ich spüre, er weiß, dass er mich nicht alleine lassen darf. Er nimmt mich ins Schlepptau. Jetzt tu das und dann das, koordiniert er mich und ich bin ihm dafür dankbar.

Ja, es ist besser, wenn er mich nicht alleine lässt. Manches Mal würde ich gerne sterben. Auch wenn Selbstmord keine Option für mich ist, sinniere ich darüber nach. Die Menschen in meinem persönlichen Umfeld merken nicht, wie es mir geht.

Man nimmt kaum Notiz. Nur eine Bekannte, bei der mein Mann und ich auf einer Dienstreise eine Stippvisite einlegen, sieht mich an. „Was ist mit dir los?", fragt sie mich. Ich bin froh, dass ich mit jemandem über meinen Trübsinn reden kann. Dennoch verschweige ich meine Gedanken über das Ausbrechen-Wollen und den Wunsch nach endloser Ruhe. Ich verschweige das auch meinem Mann. Ich spreche nur über Verstimmungen, obwohl ich längst weiß, dass ich depressiv bin.

Ich brauche Hilfe, das wird mir nochmals klar, als ich mit einer Bekannten über meine Stimmungsschwankungen und über meine neuerdings aktiven Waldausflüge spreche. Ich versuche zu laufen, zu schwitzen, mich auszupowern, um wieder Ruhe zu finden. Ich zeige ihr meine Beruhigungstabletten, die ich nur noch sporadisch nehme. Das ist auch besser so, sagt sie. Die können abhängig machen. Es wäre wirklich gut, wenn ich einen Facharzt aufsuchen würde. Aber wen, frage ich sie. Sie zuckt mit den Schultern. Ihr fällt dennoch ein Name ein. Diesen Therapeuten habe sie mal zufälligerweise kennengelernt und er sei nett gewesen, sagt sie.

Ich vereinbare einen Termin bei dem Psychotherapeuten. Es ist eine kleine Praxis. Ich fühle mich komisch, als ich im Warteraum auf einem Stuhl sitze. Ich sehe nur zwei Patienten, einen vor mir und einen nach mir. Wir sehen uns nicht an, sehen aneinander vorbei. Vielleiht weil wir nicht gesehen werden wollen.

Es erfolgt kein Gespräch über die Kindheit oder Traumata, so wie ich es erwartet hatte. Es gibt auch keine Liege, wie ich dies aus Fernsehfilmen kenne. Ich sitze in einem Sessel und erzähle, wie es mir geht: von der Schlaflosigkeit, meiner Unruhe, meiner Teilnahmslosigkeit und von der Angst. Ich habe eine handfeste Depression, sagt der Therapeut. Dann möchte er mir entlocken, ob ich Selbstmordabsichten habe. Ich verneine. Ich bin klar genug im Kopf, um zu wissen, dass ein Ja möglicherweise eine Einweisung in die Klinik zur Folge hat. Er verschreibt mir Medikamente. Ich solle sie erst mal nehmen. Es werde dauern, bis sie helfen. Aber in ein paar Wochen werde es mir besser gehen. Und ich solle anrufen, wenn ich nicht klarkomme, sagt er.

Ich kaufe mir ein Buch über Depressionen. Ich muss wissen, was das ist, was es bedeutet. Ich lese über Burn-out, Depressionen und bipolare Störungen. Über deren Symptome, und dass die Grenzen fließend sein können. Vieles kommt mir bekannt vor: dass mir das Lesen schwerfällt. Meine Überforderung. Meine zunehmende Appetitlosigkeit. Meine Schlaflosigkeit. Ich lese über MAO-Hemmer, Serotonin, Noradrenalin und Dopamin. Über den mitunter schwierigen Weg, die richtigen Medikamente zu finden.

Sie wirken keine Wunder, die Medikamente. Die nächsten Tage vergehen genauso trostlos wie die Tage vorher. Ich bin zappelig. Fange im Supermarkt zu weinen an und falle meinem Mann um den Hals. Muss ich von ihm weg? Ich schweige über meine Gedanken, über die lautlose Stimme, die will, dass ich ein neues Leben beginne.

Ich zünde eine Kerze im Wohnzimmer an. Wie so oft abends. Nur diesmal sage ich mir: Wenn die Kerze von selbst ausgeht, dann ist es ein Zeichen, dass ich gehen muss. Sie flackert, brennt jedoch beständig. Ich setze mich zu meinem Mann auf das Sofa. Der Fernseher läuft und ich starre meine Löcher in die Luft. Zwischendurch blicke ich auf die Kerze. Sie brennt. Es erleichtert mich, dass sie konstant brennt. „Ich gehe zu Bett", sagt mein Mann und steht auf. Beim Verlassen des Wohnzimmers bläst er die Kerze aus.

Wir fahren auf eine mehrtägige Dienstreise. Für uns ist es eine größere Installation. Eine neue Betriebstätte wird eingerichtet. Noch ist alles verwaist und die Büros stehen leer. Ich bin für das Einrichten der Computer zuständig. Wo wird was gemacht, Stammdatenorganisation und Integration im Netzwerk. Es ist keine schwere Aufgabe. Mein Mann und die externen Techniker kümmern sich um das Grobe. Sie montieren Geräte und schließen Kabel an. Es gibt viel zu tun, bis der Betrieb hier aufgenommen werden kann. Ich möchte schlafen. Ich nutze die Zeit, in der ich alleine im Büro bin, und lege mich quer über den Schreibtisch. Ich bleibe liegen, auch wenn es unbequem ist. Doch dann rufe ich mich zur Räson. Ich muss was tun. Meine Gedanken sind klar, dennoch fällt es mir unheimlich schwer, meine Arbeit zu erledigen.

Ich bin depressiv. Das ist auch meinem Mann klar. Er kümmert sich um mich. Fragt, wie es mir geht. Er gibt mir die Autoschlüssel, damit ich mich auf die Rücksitzbank im VW-Bus legen kann. Er hat mich zu dieser Installation mitgenommen, damit er einen Blick auf mich hat. Weiß, was ich mache, beziehungsweise nicht mache. Ich gehe über den Parkplatz. Meine Schritte fühlen sich sonderbar an, wie wenn sie federn würden. Wie wenn ich den Kontakt zum Boden verloren hätte.

Mittags fahre ich zum Imbiss mit, auch wenn ich keinen Hunger habe. Ich warte am Tresen, bis ich das bestellte Essen wegnehmen kann. Mein Mann und die Techniker sitzen bereits und warten, dass ich die Pappteller mit der Currywurst an den Tisch bringe. „Siehst du denn nicht, dass du das Essen schon wegnehmen kannst?", pflaumt mich mein Mann von hinten an. Ich blicke auf. Ach, da steht es schon. Ich nehme die Teller und trage sie zum Tisch. Mein Mann ist wütend. Das sehe ich ihm an. Ich bin nicht die, die ich sonst bin. Und er steht dem Ganzen hilflos gegenüber.

Wir bleiben über das Wochenende. Wir müssen hier fertig werden. Mein Geburtstag fällt auf den Sonntag. Wir schlafen aus und ich möchte das Bett gar nicht verlassen. Mein Mann zappt durch das Fernsehprogramm, während ich mir die Decke über den Kopf ziehe. Wenn ich mir etwas wünschen könnte, dann möchte ich einschlafen und nicht mehr aufwachen. Heimlich bitte ich darum.

Tagsüber gehen wir in dem beschaulichen Ort spazieren. Die Bewegung an der frischen Luft tut mir gut. Mittlerweile erkenne ich, dass ich gegen Abend fitter werde. Sogar mein Appetit stellt sich ein. Die Tabletten scheinen langsam zu wirken. Ich habe heute Geburtstag und wir gehen mit einem befreundeten Paar zum Essen. Danach wollen wir ins Kino. Das kleine Kino hat nur eine bescheidene Programmauswahl. Nichts, was ich an meinem Geburtstag sehen will. Ich schlucke meine Enttäuschung kommentarlos hinunter. Wir entscheiden uns für Mr. Bean. Während des Films läuft mir wiederholt ein kalter Schauer über meinen Rücken. Es geschieht, wenn meine Gedanken abschweifen und sich Ängste formieren. Die Kälte kriecht bis in den Hals hoch. Es dauert ein paar Sekunden, bis der Schauer wieder verschwindet.

Niemand weiß, wie es mir geht. Offenbar nimmt keiner von meiner Verfassung Notiz. Ein fahles Gesicht blickt mich aus dem Spiegel an. Mit diesem Gesicht sitze ich einen Tag später in einem Meeting. Mit uns am Besprechungstisch sitzen die Führungskräfte aus der Geschäftsleitung und die IT-Verantwortlichen. Das Gespräch macht mir Angst. Es geht um eine neue Anschaffung. Um Möglichkeiten, um Sicherheiten, um technische Höhenflüge. Ich will nicht dafür verantwortlich sein. Ich will mir keine neuen und unbekannten Schuhe anziehen. Ich schweige. Das Meeting ist eine Qual. Jeder am Tisch kennt mich. Seit Jahren. Niemand erahnt, wie es mir geht. Das ist auch gut so, denn im Business ist für meine Indisposition kein Platz.

Langsam beginnen die Tabletten zu wirken. Einmal stellt mein Psychotherapeut das Medikament um. In regelmäßigen Abständen habe ich einen Termin bei ihm. Ich empfinde es fast als Small Talk: Wie es mir geht. Was ich so mache. Ich gestikuliere mit den Händen, als ich sage, dass ich alles Belastende hinter mir lassen möchte. Das ist gut, meint der Therapeut und bittet mich, die Handbewegung zu wiederholen. Ich strecke meine Hände in die Höhe und senke sie seitwärts ab. Wie wenn ich meinen Körper entschlüpfen möchte. Diese Bewegung solle ich ruhig öfters machen und mir vorstellen, wie ich die Depression abstreife, sagt er.

Als ich kurz meine Erfahrung mit dem Heilpraktiker erwähne, erkenne ich an seinen hochgezogenen Augenbrauen, dass ich mit nichtwissenschaftlichen Themen bei ihm an der falschen Adresse bin. Nein. Er ist keine Anlaufstelle, wo ich über alternative Heilmethoden oder Sinnfragen sprechen kann. „Ich finde Ihren Beruf interessant", sage ich und korrigiere mich sofort: „Ich meine, ich finde es interessant zu erfahren, was so in den Köpfen der Menschen vorgeht."

Das interessiert mich so sehr, dass ich auch an einer therapeutischen Gruppensitzung teilnehmen möchte. Ich kenne das bisher nur aus dem Fernsehen. Menschen im Stuhlkreis erzählen von ihren Leben, ihren Problemen, und dabei geht es mitunter hoch her. Ich bin fast enttäuscht, als mir mein Therapeut sagt, dass es momentan für mich keinen Platz gebe. Aber vielleicht demnächst. Mal sehen. Von der Krankenkasse liegt eine Zusage vor, aber er ist sich nicht sicher, ob es auch das Richtige für mich ist. Vielleicht hat er mich durchschaut. Ich bin nicht an einer Therapie interessiert, sondern an den Menschen, die an einer solchen teilnehmen. Ich möchte ihre Geschichten hören.

Schritt für Schritt finde ich in mein Leben zurück. Jeden Tag eine Minute mehr. Jeden Tag gewinne ich eine Minute früher an Energie, an Appetit, an Leistung, ja an Fröhlichkeit zurück. Der Schleier der Niedergeschlagenheit lüftet sich wie eine Bettdecke, die weggezogen wird. Langsam, aber sie wird weggezogen. Ich habe Lust, mir Neues zum Anziehen zu kaufen, und stelle dabei fest, dass ich vermehrt zu Rot greife. Nein, mein altes Leben habe ich nicht zurück. Denn ich vermeide Situationen, die mich überfordern könnten.

Ich lasse alle Bücher im Regal stehen, die über den Sinn des Lebens kreisen. Sie machen mir Angst. Sie könnten Ungemach über mich bringen. Es ist absurd. Habe ich tatsächlich Angst, dass mich Blitz und Donner treffen? Mein Verstand lacht mich aus. Glaubst du etwa an eine Macht, die dich niederschmettert? Halte dich an den Realitäten fest, sagt er.

Ich habe meinen Mann gesehen, wie er nicht wusste, wie er mir helfen konnte. Wie viel Geduld er mir entgegenbrachte. Ich greife über den Tisch nach seinen Armen. „Ich werde wieder", sage ich. „Ich stehe wieder auf. Ich verspreche es dir."

Es vergeht über ein Jahr, bis ich wieder die Alte bin. Dass ich Kundentermine wahrnehmen kann, ohne dass zwischendurch ein kalter Schauer über meinen Rücken läuft. Ich weiß, dass mein Kopf, meine Psyche bei mir das schwächste Glied in der Kette ist. Dennoch habe ich die Tabletten abgesetzt. Es muss auch ohne gehen.

Sie haben mir geholfen, wieder Boden unter den Füßen zu spüren. Wieder in ruhiges Fahrwasser zu kommen. Nichts hat sich bewahrheitet, wovor ich mich gefürchtet habe. Das Monster ist weg.

Es läuft alles prima. Wir wohnen jetzt in unserem neuen Haus. Ich erlaube mir, mich wieder für Dinge zu interessieren, die mich in ihren Bann ziehen. Ich möchte wissen, was unsere Katze denkt, wenn sie denn denkt. Ich kaufe mir ein Buch über Tierkommunikation. Nicht weil ich das Bedürfnis verspüre, Small Talk mit der Katze zu halten, sondern um zu lesen, was andere Menschen darüber berichten. Ich bin wieder Akteur in meinem Leben und setze mich auf Diät. Ich sammle sämtliche Blutuntersuchungsergebnisse ein. Es sind meine Werte. Es ist meine Gesundheit und ich möchte selbst Verantwortung dafür übernehmen. Mein Hausarzt schüttelt den Kopf, als ich ihn frage, ob die Krankenkasse nicht die Kosten von Johanniskrauttabletten übernehme. Jetzt geht es mir wieder gut und ich will mich mit natürlichen Mitteln vor einem Rückfall in die Depressivität schützen.

Ich lege ein Hochbeet an. Ich möchte Gemüse anbauen. Ich möchte sehen, wie es wächst, und ich möchte es ernten, auch wenn ich weiß, dass die Kostennutzenrechnung negativ ist. Ich merke mir die Namen der Pflanzen, der Blumen, die ich in meinen Garten pflanze. Ich entdecke, dass Johanniskraut in meinem Garten wächst. Es wächst am Rande des Zaunes. Ich staune darüber, dass es Gast in meinem Garten ist. Wie war das noch? Was du brauchst, wächst oft vor deiner Haustür.

Ich verbringe gerne meine Zeit im Garten. Es macht den Kopf frei und meine Stimmung hebt sich, wenn ich in der Natur bin. Ich wälze Bücher über Blumen und Gartengestaltung und finde Dachbegrünung sensationell toll.

Es beginnt mich zu nerven, abends den Fernseher einzuschalten und auf die Mattscheibe zu gucken. Das Leben hat mehr parat, als zu arbeiten und mir abends belanglose Serien reinzuziehen. Meist habe ich mehrere Bücher, die ich lese. Etwas zur Unterhaltung, Informatives und auch Spirituelles. Nicht mit allem gehe ich auf Resonanz. Manches ist mir zu abstrus, zu weit hergeholt. Dennoch finde ich etliche Aspekte, mit denen ich etwas anfangen kann. Es ist die Vorstellung, dass wir mehr als ein Leben haben. Was in fernöstlichen Religionen ein alter Hut ist, entdecke ich für mich. Nahtoderfahrungen, Erinnerungen an vorherige Leben – demnach ergibt es Sinn, dass es eine unsterbliche Seele gibt. Ja, auch so etwas wie Karma, etwas, das wir in unser Leben mitgebracht haben. Wir wurden nicht aus dem Mutterbauch in das Leben geschleudert. Es ist unser freier Wille, dass wir hier sind. Und wir haben alle etwas vor, wie auf einer Reise, die man antritt.

Solche Gedanken verändern meine Sicht auf die Dinge. Lassen Verbindungen zwischen Menschen in einem anderen Licht erscheinen. Warum sind sich manche Menschen auf Anhieb vertraut? Haben anscheinend ein Agreement, welches im Positiven, wie auch im Negativen sein kann. Wir schreiten voran, stehen vor Aufgaben, wollen verändern. Ja, wahrscheinlich sogar unsere Welt ein Stück besser machen. Dennoch läuft einiges schief und wir erkennen die Zusammenhänge nur schwer. Wie die Ameise, die über ein Gemälde läuft und nur die Farben unmittelbar vor sich sieht.

Du bist blöd

Kindheitserinnerung

Ich bin etwa zwölf Jahre alt. Meine Schwester hütet in ihrem Schrank Romane. Es sind die damals recht beliebten Romanheftchen. Ich leihe mir diese ungefragt aus und verschlinge die Liebes-, Heimat- und Arztgeschichten. Irgendwann nehme ich ein ausgedientes Schulheft und beginne, selbst einen Roman zu schreiben. Ich erinnere mich heute kaum noch an seinen Inhalt. Ich schreibe einige Seiten, und als meine beste Schulfreundin zu Besuch bei mir ist, vertraue ich ihr meine geschriebenen Seiten zum Lesen an. Sie gibt mir diese kommentarlos zurück. Tage später bemerke ich einen Vermerk von ihr im Schulheft: „Du bist blöd." Ich spreche meine Freundin niemals darauf an und setze meinen Schreibambitionen ein Ende.

Umsatz generieren

Es geschehen noch Zeichen und Wunder, sagt mein Mann. Wir haben eine Einladung zu einem Informationstag eines Herstellers. Bisher war dieser bekannt dafür, dass er externen Programmierern – wie uns – nur beschränkt Zugang zu seinen Geräten gewährte. Das Unternehmen wollte bisher immer seine eigene Softwareentwicklung vorrangig am Markt platzieren.

Da fahren wir hin, sagt mein Mann. Zwei Tage, eine kleine Auszeit für uns. Die Auszeit besteht aus einer Werksbesichtigung, einer Produktvorstellung, Kaffee, Kuchen und Kanapees und einem fachlichen Austausch. Bei Letzterem sitzen wir unseren Mitbewerbern, sprich Konkurrenten, die genauso wie wir eingeladen sind, gegenüber. Das ist interessant.

Ich sehe mir die Menschen an. Ich kenne sie teilweise aus flüchtigen Begegnungen von Messen und vom Hörensagen. Was sind das für Leute, mit denen wir konkurrieren?

Wir schließen uns abends der Verabredung zum Essen an. Es ist Frühsommer und wir sitzen in einem netten Lokal im Freien. Wir sprechen miteinander, reden über Kunden, die man sich abspenstig gemacht hat, die übergelaufen sind. Von ihnen zu uns, aber auch umgekehrt. Während sich das Nähkästchen öffnet, sehe ich auch schweigende Menschen mit verschränkten Armen und langen Ohren. Ich bin mir bewusst, dass ich vorsichtig mit dem Wein, der die Zunge öffnet, umgehen sollte. So schnell werden aus Kontrahenten keine

Freunde. Und unbekümmerte Plaudereien können zum Bumerang werden.

Ich frage mich oft, ob denn nicht genug für alle da ist? Worum geht es eigentlich? Ums Ausstechen? Und wenn es nicht klappt, kann man doch den anderen wenigstens den Preis versauen! Würden wir unter dem Strich nicht alle profitieren, wenn wir Know-how bündelten, Erfahrungen teilten? Ist das Butterbrot wirklich so klein? Der Kuchen alle, wenn die Stücke verteilt sind?

Es fällt ein Stichwort: Umsatz generieren. Ich halte inne. Ist das die Idee, die Druckerhersteller veranlasst, einen Nippel an der Druckerpatrone anders zu gestalten, nur damit diese nicht mehr in das Nachfolgemodell passt? Fließen in die Kalkulation daraus resultierende Ladenhüter und Fehlkäufe mit ein?

Ich denke über das gehörte Stichwort nach. Umsatz generieren. Ich mag es nicht. Für mich klingt es nach Erfindungsreichtum. Vor allem, wenn es darum geht, die eigene Tasche zu füllen und das zu bewerben, was der andere gar nicht braucht.

Das Spiel erkennen

Ich halte den Telefonhörer in der Hand. Ich bin stocksauer und kurz davor, den Hörer auf die Gabel zu knallen. Aber das macht man nicht.

Ich habe Schaum vorm Mund. Wieder soll mein Mann herhalten, schnell mal eben einen Einsatz übernehmen. Wir streiten, wessen Grund triftiger ist, um die Aufgabe auf den anderen abzuschieben. Mein Mann ist zu gut für diese Welt und es ärgert mich, wenn das ausgenützt wird. Ich stelle mich quer. Wir fetzen uns am Telefon und ich betone lautstark, dass mein Mann diesmal nicht zur Disposition steht. Basta! Ich schärfe meine Krallen.

Doch mein Gegenüber holt zum Gegenschlag aus. Es wird uncharmant. Ich möchte schon wortgewaltig nachlegen, doch dann halte ich inne. Ich rufe mich zur Räson und schlagartig wird mir klar, dass es nicht um die Sache an sich geht, sondern darum, wer recht hat und am längeren Ast sitzt. Es ist ein Machtspiel. Nichts anderes.

Wie bei einem Druckluftschlauch kurz vor dem Bersten öffnet sich rechtzeitig das Ventil. In diesem Augenblick des Erkennens steige ich emotional aus. Ich entlarve das Spiel, in dessen Kampfarena ich eingestiegen bin. Und ich, voilà, werde diesmal nicht mitspielen. Ich stehe nicht zur Verfügung. Ich breche das Spiel, welches um Macht und um Rechthaben geht, ab.

Natürlich hat mein Mann den Einsatz übernommen. Natürlich habe ich mit den Zähnen geknirscht. Aber ich konnte mit einem gewissen Lächeln darüber hinwegsehen. Sollen doch die anderen ihr Spiel weiterspielen, aber ohne einen Spielpartner wird auch ihr Spiel enden.

Die Situation lehrt mich, innezuhalten, zu erkennen, wessen Spiel ich mitspiele. Welchem vermeintlichen Bedürfnis ich auf dem Leim gehe. Wem möchte ich etwas beweisen? Und ich erkenne in der Rechthaberei anderer Menschen, wie sie ihre Schwachstellen übertünchen möchten. Dass ihr Verhalten von Neid, Minderwertigkeit, fehlender Wertschätzung, Kränkung und von Selbstdarstellung geprägt ist. Je mehr ich erkenne, was dem aktuellen Drama zugrunde liegt, desto einfacher ist es, damit umzugehen.

Die farblose Frau

Ich kenne die Frau, ich hatte mit ihr bereits kurz ein paar Mal im längeren zeitlichen Abstand zu tun. Jetzt sitze ich ihr wieder gegenüber. Ich betrachte sie. Eigentlich hat sie ein hübsches Gesicht, denke ich. Die Frau fällt nicht auf, trägt tonlose Farben. Sie wirkt ruhig und introvertiert. Sie macht mich traurig, obwohl sie wenig spricht. Da ist wenig Begeisterung, höchstens ein kurzes Lächeln. Ich überlege, ob ich ihr sagen soll, dass sie Mut zu Farben haben sollte. Dass ihr Buntes guttäte. Aber ich schweige, ich möchte keine Diskussion hier am Tisch auslösen. Unsere Runde ist zusammengewürfelt, obwohl wir alle am gleichen Projekt mitwirken. Doch jetzt reden wir über Privates. Umreißen kurz unsere Lebensgeschichten.

Es gehe ihr nicht gut, sagt sie. Das überrascht mich nicht. Ich hatte mir schon so etwas gedacht. Vielleicht ist sie sogar depressiv. Sie sagt, dass ein Schatten über ihrem Leben liege. Eine Mutlosigkeit, die immer mehr in ihrem Leben um sich greife. Jetzt stehe sie an einem Punkt, wo sie erkannt habe, dass es so nicht mehr weitergehen könne. Wir werden neugierig, fragen nach und sie beginnt ihre Geschichte zu erzählen.

Sie war noch jung und stand am Anfang ihres beruflichen Werdegangs. Sie hatte etwas gefunden, das ihr Spaß machte. Ja, sie regelrecht faszinierte. Das lag unter anderem an ihrem beruflichen Mentor. Sie hatte zu ihm eine besondere Beziehung, die offenbar auch auf Gegenseitigkeit beruhte. Sie hatte ihn vergöttert, wegen seiner Art und seiner Fachkompetenz. Doch dann beendete er die Arbeit mit ihr. Sie sei nicht gut genug. Alle ihre Träume zerplatzten augenblicklich und bei ihren Versuchen zu retten, was noch zu retten war, erfuhr sie weitere Zurückweisungen. Schließlich brach sie den Job ab und orientierte sich um. Zurück blieb nicht nur ein zunichtegemachter Berufswunsch, sondern auch eine zwischenmenschliche Enttäuschung. Und diese warf ihren Schatten. Bis heute. Noch über zwei Jahrzehnte später.

Ich frage mich, was war dieser Mann, ihr Mentor, für ein Mensch? Wusste er überhaupt, welchen Stellenwert die Frau ihm eingeräumt hatte? Wie dem auch sei. Wir fällen alle unsere Entscheidungen in unserem Leben. Vielleicht ist es manches Mal ein Satz zu viel oder der Worte zu wenig.

All die Jahre übte der Vorfall, die Enttäuschung Macht über sie aus. Sie waren gegenwärtig in ihrem Denken und ihrem Tun. Nein, er ist nicht der Täter. Sie ist nicht das Opfer oder der Spielball der Umstände. Wie ein Samenkorn fiel die unglückselige Angelegenheit auf fruchtbaren Boden und wuchs und wuchs. Bis die Frau selbst zur Trauerweide wurde.

Der Körper reagiert

Ich gehe und belaste beim Auftreten abwechselnd die Fuß-Innen- und -Außenseite. Wie ein gehandicapter Vogel stolziere ich durch den Raum. Bewusst richte ich meinen Atem auf die Bewegung, wie es uns die Übungsleiterin sagte. Biodynamische Körperarbeit nennt sich das. Ob ich dem allem etwas abgewinnen kann, weiß ich nicht so recht. Ob es mir etwas bringt, bezweifle ich. Es ist eine Schnupperstunde, an der ich teilnehme. Der Tag hat noch mehr zu bieten. Nach der Pause geht's zu Qi-Gong, dann zur Kosmetik und Thai-Chi steht auch noch auf dem Plan. Es ist ein Tag, dem ich mir widme und meinem Körper.

Während ich durch den Raum gehe und jetzt beim Gehen auf die Fußspitzen wechsle, gähne ich. Komisch, denke ich. Auch beim Yoga kenne ich dieses Phänomen. Kaum richte ich meine Aufmerksamkeit auf die ungewohnte Bewegung, kriege ich mich vor lauter Gähnen kaum ein. Gott sei Dank gähne ich nur. Die Trainerin sagte, dass sich bei diesen Übungen auch gerne der Darm melde. Oder auch Gefühlsausbrüche zum Vorschein kommen können.

Ich gähne. Schon wieder. Nur weil ich meine Schultern kugle oder ungewohnten Bewegungsabläufen folge? Es muss etwas mit dem Atmen und der Aufmerksamkeit, die ich auf meinen Körper richte, zu tun haben. Vielleicht auch mit den Visualisierungen, die wir in die Bewegungsabläufe einbauen. Während ich sitzend meinen Rücken an meiner Übungspartnerin reibe, bin ich eine Bärin, die sich an einem

Baumstamm den Rücken schrubbt. Oder ich stelle mir vor, wie mit dem Atmen ein Lichtball durch die Organe wandert. Dennoch komme ich mir etwas affig vor, wenn ich die Arme hebe, um wie ein Kranich durch die Luft zu schwingen und dabei virtuell ein Häufchen auf den Boden plumpsen lasse.

Im Anschluss an die Schnupperstunden fahre ich nicht auf direktem Wege nach Hause, sondern noch zu einem Kunden. In zwei Tagen eröffnet dort eine Verkaufsstelle. Mein Mann und die Mitarbeiter arbeiten dort noch, aber sie sind in den letzten Zügen. Für mich gibt es nichts mehr zu tun. Das ist mir recht, denn in mir brodelt es. Erklären kann ich es nicht. Es ist unspezifisch. Ich bin wütend und traurig gleichzeitig. Warum weiß ich nicht.

„Was ist los mit dir?", fragt mich ein befreundeter Techniker. Ich blicke ihn an und augenblicklich quellen Tränen aus meinen Augen. Es ist mir unangenehm, ja, ich schäme mich sogar. Ich wende mich von ihm ab, fahre mit dem Handrücken unter meinen Augen entlang. Jetzt nicht weinen, sage ich zur mir, obwohl mir danach ist und es mir guttäte, den Tränen freien Lauf zu lassen.

Jeder Tag ist ein Geschenk

Ich führe ein Telefonat mit einem Geschäftsfreund. Er ist stocksauer. Ein Kollege aus der Branche habe ihm vor seinen Augen einen fetten Auftrag weggenommen. Quasi den Vogel vor der Nase weggeschossen! Der besagte Branchenkollege, noch dazu einer mit großer Klappe, habe seinen Kunden eingelullt. Schweinerei. Man wildere nicht in fremden Revieren und klaue sich gegenseitig die Butter vom Brot!

Ich höre meinem Geschäftsfreund zu. Er ist in Rage und seine Wortwahl für Mitbewerber mitsamt den dazugehörigen Eigenschaftsattributen bedient sich nicht der höflichen Sprache.

„Und jetzt?", fragte ich.

„Sausack! Dreckiger! Er lacht sich tot, weil er mir das Geschäft weggeschnappt hat."

Ich resümiere: „Er freut sich, weil er dir eine reingewürgt hat?"

„Ja, natürlich. Ich kenne doch diesen Drecksack."

„Und jetzt schenkst du ihm noch den heutigen Tag? An dem du dich seinetwegen grün und blau ärgerst?"

Dann wird es still am Telefon.

Der begrabene Hund

Ich rühre im Kaffee.

„Sie hatte damals so ein Kleid", sagt meine Gesprächspartnerin. Die Geschichte kommt mir bekannt vor. Eigentlich ist es mir egal, was ihre Nachbarin wann und wo gehabt oder gemacht hat.

„Ihre Eltern haben es ihr gekauft."

Ja und, denke ich.

„Sie hat damit kokettiert. Das war völlig übertrieben, wie sie damit herumgelaufen ist", sagt sie.

Ich kenne ihre Nachbarin kaum. Bisher habe ich sie als recht normal wahrgenommen.

„Und als ich geheiratet habe, hat ihre ganze Verwandtschaft meinen Mann kritisch beäugt."

Was will sie mit den alten Kamellen, denke ich.

„Na, ja", sage ich. „So gut hat sie es selber auch nicht erwischt. Schließlich stecken sie gerade in der Insolvenz."

Sie überhört meinen Satz und ihre Schilderungen über längst vergangene Zeiten nehmen weiter Fahrt auf. Über das Auto, welches die Nachbarin und ihr Mann damals gekauft haben. Über das Haus, welches sie bauten. Ich höre zu, obwohl ich die Geschichten bereits kenne. Ich bekomme sie immer aufgetischt, wenn die Sprache auf die Nachbarin kommt.

„Und was sie mit den Kindern für ein Geschiss gemacht hat. Mit dem Auto hat sie sie oft zur Schule gebracht, statt sie mit dem Fahrrad fahren zu lassen. So wie es meine Kinder machten. Und dann noch der Klavierunterricht!"

Ich kann nichts Verwerfliches daran finden. Dennoch drängt sich mir die Frage auf, warum sie so auf der Nachbarin herumhackt. Ich lege den Kaffeelöffel zur Seite und schweige. Denn ich weiß, Partei zu ergreifen, lässt mich in Ungnade fallen.

Vorsichtig erlaube ich mir die Frage: „Warum regt dich das so auf?"

Ich ernte einen unwirschen Blick.

„War für nichts gut, der Klavierunterricht", fährt sie weiter fort. „Dachte, ihre Kinder seien etwas Besseres. Dabei war es nur rausgeschmissenes Geld."

Ich nippe an der Kaffeetasse. Kalter Kaffee, denke ich.

„Bist du etwa auf sie neidisch?", frage ich direkt.

„Nein. Warum soll ich auf sie neidisch sein? Das wäre doch noch schöner!", antwortet sie wie aus der Pistole geschossen.

Welcher Hund zwischen den beiden begraben liegt, weiß ich nicht. Egal, wie tief er vergraben ist, er bellt noch immer. Und am lautesten kläfft er auf dem Grundstück, auf dem er liegt.

4.

Es geht aufwärts. Dennoch leide ich unter Stimmungs-schwankungen. Tage, an denen mir vieles schwerfällt, wechseln sich mit Tagen, an denen ich zu Hochform auflaufe, ab. Ich arrangiere mich damit. So gut es geht. Ich weiß, dass ich schon viel erreicht habe.

Mein Garten blüht und die finanziellen Belastungen sind zu stemmen. Mein Arbeitstag endet oft erst nach zehn Stunden. Doch die Wochenenden halte ich mir frei. Am Samstag mache ich nur das, was ich will. Es ist mein Tag. Auch wenn ich ihn mitunter mit Haushaltsarbeiten verbringe. An diesen Tagen träume ich mich öfters in ein Wunschbild, in eine Zukunft, in der ich gerne leben möchte. Ich bin dann unabhängig und sorgenfrei. Ich schlüpfe in die Rolle der Frau, die ich sein möchte. Glücklich, erfolgreich und zufrieden. Ich entlaste mich auch von dem Druck, etwas tun zu müssen. Ich kann das und das tun, muss es aber nicht. „Man kann, muss aber nicht", wird bei uns zur geflügelten Redewendung. Wir lachen darüber, wenn wir an kalten Tagen die Heizung aufdrehen: Man kann frieren, muss aber nicht.

Wir mussten auch nie heiraten. Dennoch überrascht mich mein Mann mit dem Wunsch, dies zu tun. Seit vierzehn Jahren teilen wir Tisch, Bett und Arbeit. Natürlich war das früher ab und zu ein Thema. Wir schoben es vor uns her und sagten nicht grundsätzlich Nein dazu.

Ich war nie eine Frau, die den schönsten Tag ihres Lebens herbeisehnte. Im Gegenteil. Der Gedanke, mich im weißen Kleid zu sehen und mich mit Reis bewerfen zu lassen, war mir schon immer ein Gräuel. Lieber ist mir da ein schickes Kostüm, ein Sektempfang und ein wartendes Flugzeug. Leider sieht das mein Mann nicht so. Das können wir nicht tun, sagt er. Es ist ihm ein Bedürfnis, Familie, Verwandte, Freunde und Bekannte einzuladen. Ich lenke ein. Wir schreiben eine Gästeliste und drucken Einladungskarten. Wir halten vorerst unsere Pläne geheim und setzen auf den Überraschungseffekt.

Es ist Sonntag und, aus welchem Grund auch immer, sind Tanten und Onkel bei uns zum Frühstück. Wir nutzen die Gelegenheit, um die allerersten Einladungen persönlich zu übergeben. Ich setze mich auf das Sofa, während die Verwandtschaft die Einladungskarten öffnet. Ich bemerke den kalten Schauer, der mich in diesem Moment übermannt. Himmel! Meldet sich da meine Depression wieder? Ich reiße mich zusammen und widme mich unseren Gästen.

Ist es die Angst vor einer Veränderung, die eigentlich gar keine Veränderung ist? Habe ich Angst, mich zu binden, wie damals beim Hausbau? Keinen Beifall von meinen Eltern zu bekommen? Ja, so etwas in dieser Art wird es sein, sage ich mir. Aber da muss ich jetzt durch. Bis zur Hochzeit sind es nur wenige Wochen.

Zur gleichen Zeit gibt es eine Deadline für ein berufliches Projekt. Das muss noch vor unserer Hochzeit fertig und abgenommen sein. Die neue Betriebshalle ist gebaut und dann muss es so funktionieren, wie wir das mit dem Kunden besprochen und ihm versprochen haben. Rechtzeitig vor unserem vierzehntägigen Hochzeitsurlaub!

Das alles versetzt mich in Panik und ich habe Angst, dass ich einen Rückfall in die Depression erleide. Ich bemerke, dass sich dieser ankündigt. Dass er schon da ist. Ich greife zu dem Vorrat der Antidepressiva, die ich noch zu Hause habe. Halte jedoch kurz inne, bevor ich die erste Tablette schlucke. Sie ist das Rettungsboot auf der von Terminen und Ängsten tobenden See. Sechs Wochen bis zu Hochzeit. Bis das Medikament wirkt, wird es etwa drei Wochen dauern. Es geht sich aus, dass ich bei der Hochzeit unbeschwert lächeln kann. Mit der Einnahme der Tabletten verliere ich nochmals ein Stück Halt und es geht mir schlechter. Ich bin wieder mittendrin: in der Angst und in der Antriebslosigkeit. Nur diesmal ist es anders: Ich kenne den Prozess. Es sind die Abendstunden, die nicht von der Schwere geprägt sind. Die Medikamente helfen. Jeden Tag gewinne ich einige Minuten hinzu. Achtzehn Uhr, fünfzehn Uhr, dann zwölf Uhr, dann zehn Uhr und schließlich werde ich angstfrei erwachen. So mein Plan.

Ich muss für dieses Kundenprojekt programmieren. Ich muss das fertig bekommen. Ich verlege meine produktive Arbeitszeit in den Abend. Es gibt keine Krankschreibung. Ich gehe zu keinem Arzt. Das Rezept für die Antidepressiva erhalte ich auch telefonisch. Ich verkrümle mich morgens im Bett und widme mich schrittweise meiner Arbeit. Es ist niemand da, der sie für mich erledigt. Aber eines ist gewiss: Ich werde wieder aufstehen!

Mein Plan klappt. Die lichten Stunden nehmen zu und ich kann es an der Uhrzeit festmachen, wie ich einsatzbereiter werde. Die Programmierung geht mir von der Hand und ich bin im Zeitplan. Gott sei Dank. Ach ja, die Hochzeitsvorbereitungen. Mein Mann rät mir zum Hosenanzug. Ich brauche keinen Schnickschnack und auch keine verstreuten Rosenblätter.

Ich erwache. Noch ist mein Traum greifbar. Ich kuschle mich ins Kopfkissen. Alles nur ein Traum. Nichts weiter. Dennoch kenne ich diesen Traum. Auch wenn er gerade im Begriff ist, ins Nebulöse zu verschwinden. Ich halte nichts von Traumdeutung. Ich erinnere mich an eine Ausführung, die ich irgendwo gelesen oder gehört habe: Bei Träumen verhält es sich so wie bei Wasser in einem Fluss, der von verschiedenen Quellen gespeist wird. Das Wasser mischt sich und es ist nicht mehr feststellbar, woher der einzelne Tropfen stammt.

Ich mag diesen Traum nicht, der in ähnlicher Form wiederkehrend ist. Wie ein Stoff aus einem Buch, der auf unterschiedliche Weise verfilmt wird. Mein Traumbewusstsein zieht ihn mit Treffsicherheit in unregelmäßigen Abständen aus dem Regal. Immer wieder. Ich bin an meiner allerersten Arbeitsstelle. In den Träumen variiert die Räumlichkeit. Alles ist irgendwie anders als in meiner realen Erinnerung. Ich arbeite dort oder ich habe mich wieder engagieren lassen. Ich werde gebraucht. Doch ich werde schlecht bezahlt. Ich habe eine Wohnung, ein Auto. Ich muss mit meinem Geld haushalten. Es reicht gerade so. Ich ringe damit, dass ich unterbezahlt bin. Dennoch fordere ich nicht mehr Lohn. Geht schon irgendwie.

Heute, wenn ich mir diese Träume vor Augen halte, erkenne ich einen roten Faden, der sie durchwebt. Wenn ich die Träume wie Pergamentpapier übereinanderlege, ergeben sie ein Muster.

Aber da sind noch andere Träume, die sich in ähnlicher Form wiederholen. Es sind Personen, mit denen ich zusammentreffe, die immer wieder eine gewisse Verhaltensweise an den Tag legen. Und Orte, die ich nicht verlassen kann.

Seitdem wir das Haus haben, das mein Mann und ich gebaut haben, gibt es diese Träume, dass es plötzlich an einen anderen Platz steht. Mal ist es an mein Elternhaus angebaut. Oder das Haus steht auf einem Abhang oder an einem mir unbekannten Ort. Ich ärgere mich, weil es dort steht. Ich will es nicht dort haben und bin fassungslos, wie es geschehen hat können. Manchmal tröste ich mich damit, dass man das Haus ja umsetzen kann.

Und dann gibt es noch die Träume von meiner Arbeit. In denen Fragmente von Programmierungen, Variablen und Programmcodes herumgeistern. Immer und immer wieder tauchen sie auf, wie in einer Endlosschleife.

Unser Firmenauto ist ein blauer VW-Bus. Es ist einer jener Momente, die in meinem Gedächtnis, wie eingebrannt sind. Ich sitze im Auto und bin im Begriff, bei unserem Kunden – es ist unser größter Kunde – vom Hof zu fahren. Ich bin auf den Weg zum Sitz der Verwaltung, die einige Kilometer von der Betriebsstätte entfernt ist. Auf dem Firmengelände kommt mir ein Tross von Männern entgegen. Es sind die Neuen. Die, die aller Wahrscheinlichkeit nach demnächst hier das machen werden, was wir seit über zwanzig Jahren machen. Die uns ablösen, die besser sind als wir. Der Tross wird angeführt vom Chef einer Beratungsfirma, die hier seit einiger Zeit – Verzeihung, wir nennen das so – ihr Unwesen treibt. Die mit Stoppuhren in der Hand, einem Schwung Excel-Listen und im Businessjargon den Betrieb optimieren. Ich fahre im Schritttempo und der betriebsbesichtigende Tross kommt auf mich zu. Ich sehe sie an. Die Männer nehmen keine Notiz von mir. Sie kennen mich nicht einmal. Nur der zuvor erwähnte Mann blickt mich an. Er blickt mich an und lächelt und lächelt. „Siehste, ich habe gewonnen."

Mein Auto rollt an den Männern vorbei und mir rollen die Tränen aus den Augen. Mein Mann und ich haben uns die ganzen Jahre den Arsch für diesen Betrieb aufgerissen. Von anfänglich wenig Arbeitsplätzen waren es am Schluss etwa sechzig. Das ist viel. Für uns. An jedem einzelnen lief unsere Software, steuerte, erfasste, verwaltete und wertete Daten aus. Es war eine Meisterleistung, was wir alles programmiert hatten.

Es ist für meinen Mann und für mich schwer auszuhalten. Wir sind traurig. Wir sind enttäuscht, vermissen eine Erklärung und ein offenes Gespräch. Aber über eines sind wir uns einig: Wir haben uns nichts zu Schulden kommen lassen und werden mit hocherhobenem Haupt weiterhin unseren Job machen. So lange man uns braucht. Auf das Niveau von Kränkung und Gegenangriff werden wir uns nicht begeben.

Als wir später die Heimreise antreten, habe ich einen Auftrag für eine Softwareanpassung in der Tasche. Ich weiß nicht, ob ich mich darüber freuen soll. Es kommt mir wie ein Gnadenbrot vor, das mir die Geschäftsleitung noch mal zugeworfen hat.

Die nächsten Wochen fühlen sich an, wie wenn uns jemand unser Kind weggenommen hätte. Wir haben den Betrieb begleitet. Miterlebt, wie er wuchs. Wie er Jahr für Jahr expandierte. Es verging kaum eine Woche, manches Mal nicht mal ein Tag, an dem wir nicht in Kontakt standen. Fast kein Monat, in dem wir nicht vor Ort gewesen waren. Es war Business und dennoch war es mehr. Kontakte, Freundschaften, Erfolgserlebnisse und kalter Schweiß auf der Stirn. Ja, vielleicht war unser Kind erwachsen geworden und brauchte jetzt ein neues Umfeld. Die Wahl fiel auf ein ERP-Produkt der Oberklasse. Wir wissen, dass unsere Software nicht von einen Tag auf den anderen abzulösen ist. Wir stellen uns die Frage, wie lange es dauern wird. Wir hören vom Kick-Off-Prozess – der Ausdruck schockiert uns zutiefst – und dem gesteckten Rahmen von einem Jahr. Das schaffen die nie, sagt mein Mann. Er sieht mich an und ich beginne zu heulen. Ich kämpfe mit den Tränen und sehe den Riss vor mir, der sich durch unsere Arbeit zieht. Es ist die Angst vor Imageverlust und vor finanzieller Instabilität. Schließlich ist dieser Kunde Hauptumsatzträger.

Bitte, Gott, wenn es dich gibt, lass uns nicht durch das tiefe Tal gehen!

Heute, Jahre später, weiß ich, dass es gut war, wie es für uns gekommen ist. Auch wenn es manches Mal schwerfiel, hielten wir unseren Kopf aufrecht und distanzierten uns davon, schmutzige Wäsche zu waschen. Den Betrieb gibt es nicht mehr. Acht Jahre, nachdem man uns ausrangiert hat, ist er platt. Zwischenzeitlich konnten wir uns auf Geschäftsfelder konzentrieren, die früher zu kurz kamen. Statt auf viele Sonderlösungen können wir uns auf unser Standardprodukt konzentrieren. Es öffneten sich neue Türen und Kontakte. Wir erlebten einen Aufschwung und stellten Mitarbeiter ein. Das erlaubt uns, uns auch mal kurzzeitig aus der Firma zu ziehen.

Wir verloren den Kunden nicht von heute auf morgen. Sogar bis zum Schluss standen wir noch in geschäftlicher Beziehung. Der Kick-Off gestaltete sich schwieriger als geplant. Einige Bereiche blieben nach wie vor in unserer Hand. Offensichtlich hielten die Hochglanzprospekte nicht das, was sie dargestellt hatten. Wir hatten nicht das Gesicht in der Branche verloren. Im Gegenteil. Es blieb uns der Geschmack einer mangelnden Softwarelösung, die womöglich sogar den Betrieb zu Grunde gerichtet hat, erspart. Unsere Kontakte und Freundschaften aus der damaligen Zusammenarbeit bestehen noch heute und zusammen blicken wir mit einem zwinkernden Auge zurück: „Weißt du noch?"

Ich blättere in einem Veranstaltungsmagazin und mein Blick fällt auf einen Vortrag. Da holt jemand Informationen aus dem morphischen Feld. Dem Feld, von dem Rupert Sheldrake schreibt. Ich kaufe mir das Buch des Referenten. Das soll funktionieren? Informationen aus dem Nichts abzurufen?

Als ich das Buch fertig gelesen habe, ist mir klar: Ich fahre zu dem Vortrag. Ich will das sehen. Ich bin eine der Ersten im Saal und nehme, anders als sonst, in der ersten Reihe Platz. Informationen abrufen kann jeder, sagt der Referent. Es ist intuitives Wissen, welches in Form von inneren Bildern, innerem Hören oder über Gefühle zum Ausdruck kommt. Dem Bauchgefühl auf die Sprünge helfen und womöglich die richtigen Entscheidungen zu treffen, klingt nicht nur verlockend. Es wäre sagenhaft! Es ist mir so etwas von egal, ob die Methode wissenschaftlich ist oder nicht. Ich muss das lernen. Für ein angekündigtes Seminar gibt es nur eine begrenzte Teilnehmeranzahl und ich buche noch am selben Tag einen Platz. Ich kann mich nicht entsinnen, wann ich das letzte Mal etwas nur für mich getan habe. Ich meine so richtig. Nicht irgendein Urlaub, ein schickes Essen oder ein Konzertbesuch. Nein, eine ganze Woche nur für mich. Dennoch hadere ich damit. Viele Menschen würden „Unsinn" sagen und den Kopf schütteln. Morphische Felder lesen! Und es kostet Zeit und Geld. Doch ich finde eine Rechtfertigung: Andere fahren in Skiurlaub. Ich nicht.

Ich packe meine Reisetasche und ich weiß, dass ich für eine Woche von der Bildfläche verschwinde. Wir wurden gebeten, unsere Kontakte nach außen, die uns aus der Zentrierung bringen, zu vermeiden. Das Seminarhotel liegt fern ab vom

Schuss am Waldrand, vor der Haustür sind nur Wiesen und Felder. In dem beschaulichen Ort gibt es nicht einmal einen Supermarkt.

Es wird eine Woche des Sich-fallen-Lassens, des Mit-sich-selbst-Beschäftigens, des Staunens, der Selbstzweifel, der Offenheit, des Reflektierens, gefüllt mit Tränen und Lachen.

Wir lernen, wie wir uns zentrieren, uns in eine entspannte Ruhe begeben. Wir denken nicht an Angst, Probleme, Druck oder Müdigkeit, sondern nehmen eine offene und wertfreie Haltung für intuitive Impulse ein. Dabei vermeiden wir jegliche persönliche Interpretation. Wir denken nicht nach, sondern sagen nur, was wir wahrnehmen. Bei mir tauchen Bilder von Handtaschen, von unmöblierten Zimmern, von eingezäunten Pferdeweiden, von schmutzigen Schuhen, von Seiltänzern auf, die ich auf die gezielten Fragen meines Gegenübers hin beschreibe. Ich bezweifle, dass Handtaschen etwas mit der von meiner Sitzungspartnerin gestellten Frage zu tun haben und frage später danach. Doch, doch, sagt sie. Sie liebe Handtaschen.

Das Beschreiben unserer Wahrnehmungen ist kein Wahrsagen, keine Form von Hellsichtigkeit, auch die Lottozahlen werden wir nicht voraussagen können. Es ist der Zugang zum Unterbewussten, zu einem intelligenten Feld, wie es der Referent nennt. Es wird uns weder einen Einblick in das Schlafzimmer der Nachbarn gewähren, noch sagen, wie wir andere übervorteilen können. Doch wir können unsere Intuition, unser Bauchgefühl als Lebens- und Entscheidungshilfe nutzen.

Durch Intuition Antworten auf unsere gegenseitig gestellten Fragen zu erhalten, üben wir meist zu zweit oder zu dritt. Unsere Fragen sollen präzise sein. Wir fragen nach, wenn Unklarheit herrscht. Unsere Antworten sprechen wir laut aus. Das unterstützt uns dabei, die notwendige Konzentration zu halten. Ich bin verblüfft, wie die Antworten zu passen scheinen. Wie ein mir vormals wildfremder Mensch, Situationen und Menschen aus meinen Leben beschreiben kann. Wie beschriebene Bilder dafür Pate stehen und ich dabei Impulse für die Betrachtung meines Problems und damit Hilfestellung und eine Lösung erhalte. Ich notiere mir die Antworten, die ich auf meine Fragen bekomme. Ich möchte sie später nachlesen, sie für mich verifizieren und nicht blind allem Glauben schenken.

Ich weiß nicht, ob das Mich-Zurücknehmen ein Ergebnis meiner Erziehung war. Auch dieses Sicherheitsdenken. Dieses Festhalten, ja sogar Festkrallen. Die Starre, die mich davon abhält, an etwas zu rütteln. Ich entscheide mich, bei der Übungsstunde nach dem Mittagessen meine Fragen entsprechend zu stellen.

Diesmal üben wir, für uns selbst die Antworten auf unsere Fragen aus dem Feld zu holen. Uns selbst mit den eigenen Prozessen auseinanderzusetzen und sie zu lösen. Ich bin nervös und blicke in das vertrauenswürdige Gesicht meiner Sitzungspartnerin. Sie nickt mir zu und ich schließe die Augen. Ich gehe die innere Vorstellung durch, die wir gelernt haben. Die Anbindung an die Erde, das Einladen von Begleitern, die

Visualisierung von Schutz und das Sich-Öffnen. Dann stelle ich meine Frage: Wo liegt die Ursache meines Festhaltens?

Ich sehe ein hölzernes Podest, auf das man mich geführt hat. Ich sehe die Menschen, die darauf warten, dass das Beil der Guillotine fällt. Gleich wird mir der Kopf abgeschlagen.

Hilfe! Man köpft mich! Ich bin froh, als ich in diesem Moment unseren Trainer ins Zimmer kommen höre, und sage ihm, dass man mir jetzt gleich den Kopf abschlägt. Ob ich schon verurteilt sei, fragt er mich. Ja, das bin ich. „Frag mal, weshalb man dich köpfen möchte", bittet er mich. Ich habe geklaut. Ich wollte auch so schöne Kleider. Vor meinem inneren Auge sehe ich die prunkvollen Gewänder aus der historischen Epoche des achtzehnten Jahrhunderts. Es sind vornehmlich Herrenkleider. Fürstliche Jacken, bestickt und mit schmucken Knöpfen. „Ist der, den du beklaut hast, auch anwesend?", fragt mich der Trainer. „Ist er da?" Ich spüre nach und sehe einen blau gekleideten Mann. „Gut", sagt der Trainer, „und jetzt frag ihn, ob er dir nicht das Geld schenken kann. Wir müssen dich da vom Schafott wegholen." Ich atme tief ein und lasse die Szenen vor meinem inneren Auge lebendig werden. Der Mann überreicht mir einen Geldbeutel, und unter der Regie-anweisung des Trainers reite ich als freier Mann aus der Stadt.

Ich schnaufe, als ich die Augen öffne. Himmel noch mal! Mit Derartigem habe ich weder gerechnet, noch hat uns der Trainer auf solches vorbereitet. „Ist doch alles gut", sagt er. Ja, das ist es, weil er zur richtigen Zeit in das Zimmer gekommen ist. „Es kommt immer alles zum richtigen Zeitpunkt", sagt er.

Es ist eine spannende Seminarwoche und die Zeit vergeht schnell. Der Alltag ist weit weg und es tut mir gut, alles Belastende von mir zu schieben. Es ist im Augenblick nicht wichtig. Ich komme mir vor wie in Watte gepackt. Wie in einem Schmetterlingskokon, in dem die Raupe Raupe sein darf und sich für eigene Entwicklungsprozesse öffnet. Doch ich höre auch gebannt den anderen Seminarteilnehmern zu. Es sind Alltagssorgen und Beziehungsprobleme aller Couleur, aber oft geht es um das Ergründen unseres Verhaltens. Wir sind geprägt von unserer Erziehung, der Gesellschaft und unseren Erfahrungen und haben ein persönliches Weltbild zusammengeschraubt, das wir auf den Prüfstand stellen. Nein, es sind nicht die anderen, die uns zu dem gemacht haben, was wir sind. Wir haben es übernommen. Sätze wie „Ich bin nicht gut genug." – „Ich muss alles alleine machen." – „Die anderen übervorteilen mich." – „Ich werde nie genug Geld haben." – halten mich gefangen und führen in Verbitterung oder Resignation. Aber ich kann meine Sichtweise ändern. Sie zu erkennen, ist schon der erste Schritt.

Als ich nach Hause fahre, bin ich ausgeglichen und voller Freude, wie schon lange nicht mehr. Mir ist klar, dass mich der Alltag bald wieder fordern wird und mich schneller einholt, als mir lieb ist. Doch ich bin frohen Mutes, denn ich habe die Telefonnummern der anderen Seminarteilnehmer im Gepäck. Nicht nur das, denn ich habe eine Abmachung mit einer neu gewonnenen Freundin. Wir werden regelmäßig miteinander telefonieren, dabei üben und uns unterstützen.

Die Woche hat mich spürbar verändert. Es ist, wie wenn ich Ballast abgeworfen hätte. Ich bin fröhlicher und ausgeglichener. Ich hole meine Gitarre aus dem Schrank. Wie viele Jahre habe ich nicht mehr darauf gespielt? Ich kann mich nicht daran erinnern. Ich weiß kaum mehr, wie man auf dem Instrument spielt. Es war ein Jugendtraum, diese Gitarre zu haben. Im Selbststudium hatte ich mir einige Gitarrengriffe beigebracht und so gut wie nie mit anderen Menschen musiziert. Ich traute mich nicht.

Ich kaufe mir Musik-CDs. Nicht irgendwelche, sondern Musik, die mir ein Stück Identität und Heimat gibt. Lieder, die Erinnerungen wecken. Ich kaufe mir selbst Blumen und stelle den Blumenstrauß auf den Esstisch. Jetzt ist mir auch klar, warum sich mir beim Thema Todesstrafe immer der Hals zugeschnürt hat. In Filmen und in Dokumentationen empfand ich diese als quälend und musste mich abwenden. Ich räume das Gästezimmer auf, verschönere es und erkläre es zu meinem Refugium. Zu meinem Rückzugsort, wenn ich den Wunsch nach Alleinsein verspüre.

Meinen Mann entgeht nicht, dass ich mich verändert habe. Es macht ihm keine Sorgen. Im Gegenteil. Es gefällt ihm, dass ich fröhlicher bin. Dass ich lache und dass ich neue Freunde gewonnen habe.

Es ist Zeit, auszumisten. Was gehört zu mir? Was ist unnötiger Ballast, den ich mitschleppe? Warum meine ich mich entschuldigen zu müssen, wenn ich nichts tue? Ich kenne den Satz meines Großvaters, den meine Mutter wiederholt zitierte: „Was sitzt du rum? Hast du nichts zu tun?" Ich kannte meinen Großvater nicht. Er starb vor meiner Geburt. An Magenkrebs.

Meine Mutter sagte, dass er ein guter und ehrlicher Mann war. Einer, der niemand übervorteilte, der sich für andere eingesetzt hat. Dem trotzdem eine Welle des Argwohns entgegenschlug, da er es nicht allen recht machen konnte. Wie dem auch sei. Irgendwie bin ich froh darüber, ihn nicht kennengelernt zu haben. Vielleicht auch deshalb, weil er meine Großmutter geheiratet hat, die überhaupt nicht heiraten wollte. Weder ihn noch jemand anderen. Er fragte ihre Eltern. Die sagten Ja und Oma heulte, denn Oma wollte ins Kloster.

Für mich ist das alles ein Indiz, genauer hinzusehen. Unter anderem auf den übertragenen Glaubenssatz, nicht ruhen zu dürfen. Gehört er zu mir? Nein, entscheide ich. Ich will ihn nicht. Ich möchte auch einmal faul sein. Wie gammeliges Fleisch auf dem Sofa liegen. Ich wähle einen ruhigen Zeitpunkt und suche mir einen ungestörten Platz. Sobald ich tief und gleichmäßig atme, schließe ich die Augen. Manches Mal sitze ich Minuten so, warte bis die Gedanken schweigen und ich mich ausgeglichen fühle. In meiner Vorstellung lade ich mir meine Mutter ein und sage ihr, dass ich so nicht mehr leben möchte, weil ich mich ständig bemüßigt fühle, etwas tun zu müssen. Ich sehe sie vor meinem inneren Auge und höre sie argumentieren. Sie spricht nur Gutes über ihren Vater. Und sie ist stolz, so fleißig zu sein. Ich sage ihr, dass ich diesen

Glaubenssatz von ihr übernommen habe. Ich will ihn aber nicht mehr und gebe ihn ihr zurück. Es ist ihrer, nicht meiner.

In der nachfolgenden Zeit öffne ich mich immer wieder meiner inneren Bildern. Ich lade Großeltern und Familie ein. Bilder tauchen auf und ich lasse sie lebendig werden. Ich sehe nicht nur Menschen, die mir die Hände reichen, sondern auch welche, die sie vor mir verschließen. Die Bilder besitzen ihre eigene Dynamik, sprechen eine bildhafte Sprache. Ich kann mit ihnen arbeiten. Es ist eine innere Reise. Sie führt über Schuld und Vergebung, Hilflosigkeit und Dankbarkeit, Zweifel und Vertrauen in Täler und in Höhen. Ich kann meine wunden Punkte erkennen, sie ansehen und mit ihnen Frieden schließen. Oder die Probleme dort belassen, wo sie sind. Mir sie nicht mehr zu eigen zu machen, wenn ich machtlos davorstehe.

Der Alltag holt mich schneller ein, als mir lieb ist. Aber ich bin sicher, dass ich etwas gefunden habe, das mir weiterhilft. Nein, es ist kein Navigationsgerät, das mich lotst. Es ist keine Glaskugel und kein Allheilmittel, das mich vor Torheiten schützt. Es ist eher ein Fenster, das mich ins Nebulöse blicken lässt.

Meine Ordnungssysteme auf meinen Schreibtisch bestehen aus Listen, Kalendern und Stapeln. Es gibt Prioritäten und

Deadlines. Und es gibt Dinge, die warten. Ich habe es mir neuerdings angewöhnt, mich bei Arbeitsbeginn zu fragen: Was steht an? Wonach steht mir heute der Sinn? Es ist ein Stück Freiraum, den ich mir gewähre. Es hat wenig Zweck, mich zur Kreativität zu zwingen, wenn meine Gedanken abschweifen. Aber wenn es mich kitzelt, Umsetzungsideen aufpoppen, dann sollte ich diese Stunden nutzen. Und sie nicht mit destruktiven Arbeiten füllen.

Ich sitze eines Morgens wieder am Schreibtisch. Ich schließe die Augen, atme bewusst ein und aus, um mich zu zentrieren. Was steht heute an, frage ich. Und mir fällt ein Anliegen eines Kunden ein, um das ich mich kümmern könnte. Es gehört der Kategorie „bei Gelegenheit" an. Es liegt schon einige Wochen auf dem Schreibtisch und der Kunde macht – Gott sei Dank – keinen Druck. Ich arbeite mich in die Materie ein und nachmittags ruft mich genau dieser Kunde an: „Sag mal, ich hatte doch da dieses Anliegen. Hast du dich darum gekümmert?"

„Ja", sage ich.

Ich übe mich in Toleranz und knirsche gleichzeitig mit den Zähnen. Himmel noch mal! Diesen Menschen habe ich gefressen! Wenn ich mir etwas wünschen könnte, dann würde ich die Zusammenarbeit mit ihm minimieren. Ich kann es nicht benennen, aber er tickt mich an. Offensichtlich bin ich nicht die Einzige. Es scheint zwei Lager zu geben, die einen können mit ihm und das sogar gut, und andere, wie ich, tun sich schwer. Sind es die Formulierungen oder die Art, wie er die Wörter beim Sprechen dehnt? Ich weiß es nicht. Da ist etwas in seiner

Art, das es mir schwer macht. Ich reagiere überempfindlich und ecke regelmäßig bei ihm an. Leider kann ich mich einer Zusammenarbeit mit ihm nicht entziehen. In einer ruhigen Minute zentriere ich mich. Was steht zwischen uns, frage ich.

Ich trage ein schönes Kleid, dennoch scheine ich mich in grauer Vorzeit zu befinden. Ich habe einen beladenen Karren, der im Matsch steckt. Jedoch kein Pferd, keinen Helfer, der mir hilft. Ich ziehe und versuche, den Wagen in Bewegung zu bekommen. Ich bin auf mich selbst gestellt und in der Nähe gibt es ein ärmliches Haus, eine Hütte, wo Kinder auf mich warten. Ich stehe am Karren, im Matsch und Regen, und schaue hoch zu einem Turm. Oben aus dem Fenster blickt er auf mich herab. Ich erkenne ihn ihm einen Grafen, einen aus der damaligen Gesellschaftsschicht, die andere für sich schuften lassen. Den es nicht kümmert, wie es mir geht. Er steht mit seinen bunten Kleidern oben im Turm und schaut zu, wie ich mich plage. Er wirkt herablassend, ja sogar schadenfroh.

Ich öffne meine Augen. Ich spüre die Verletzungen in mir, die diese Szene in mir auslöst. Ich kann nicht sagen, ob diese Bilder eine stellvertretende Projektion aus meinem Unterbewusstsein oder ein Ausschnitt aus einem früheren Leben sind. Aber das spielt keine Rolle, denn es ist mir schlagartig einiges klar. Mir ist in meinem Leben nichts zugeflogen. Ich musste arbeiten und immer geradestehen für das, was ich gemacht habe. Wie oft war ich auf mich gestellt. Dann gibt es ihn, der sich mit Federn schmückt, dem ich sogar eine gewisse Inkompetenz zuschreibe. Der für mich und meinesgleichen wenig übrig hat.

Das Bild und die dahinterliegende Interpretation machen mir es ab sofort leichter, mit ihm umzugehen. Vielleicht darf jetzt sogar ich ein wenig schadenfroh sein. Ich erkenne seinen Versuch, sich zu profilieren. Diesmal ist er nicht der Herr von oben, auch wenn er sich mit goldgeränderten Visitenkarten und tönenden Worten schmückt. Er muss sich beweisen und das noch dazu vor einer Frau!

Der Wunsch nach Stille

Wir sind auf einer Messe. Zusammen mit anderen Geschäftspartnern stellen wir aus. Die Messe geht über das Wochenende bis Dienstag. Zwischendurch schlendere ich über die Ausstellung. Was ist das hier eigentlich, frage ich mich. Ich schließe die Augen. Vor mir sehe ich ein Karussell. Es ist ein Zirkus. Ja, das ist es, was hier geboten wird. Sich zeigen und Hände schütteln, Manege frei für Produkte und Marktschreier, ein Jahrmarkt.

„Bleibst du?", fragt mich mein Mann. Ich verneine. Morgen ist Montag. Ich muss ins Büro. Alle sind hier auf der Messe.

„Ich kann doch das Büro nicht alleine lassen", sage ich.

„Du hast doch eine Rufumleitung auf das Handy geschaltet", entgegnet mir mein Mann.

„Aber morgen ist Montag! Es ist doch eng genug, wenn ich alleine im Büro bin. Hier auf der Messe stehe ich mir morgen sowieso nur die Beine in den Bauch", sage ich. Ich sehe ihn an.

„Es wäre halt schön, wenn du da wärst. Sieh es als eine Art Urlaub."

Ich seufze. Noch einen Tag bleiben? Nicht heimdüsen, sondern gepflegt zu Abend essen. Ein oder zwei Gläser Wein trinken und im Hotel übernachten. Und morgen hier eine ruhige Kugel schieben? Soll ich es wagen, unser Büro verwaist zu lassen? Ich schließe die Augen. Morgen ist es ruhig. „Ich bleibe", sage ich.

Am nächsten Tag zücke ich öfters das Telefon. Hat es eine Funkverbindung? Ja, der Empfang ist da und mein Handy funktioniert. Insgesamt läutet mein Telefon dreimal. Das ist rekordverdächtig. Rekordverdächtig im Sinne von unglaublich wenig. Als ich abends nach Hause fahre, sinniere ich darüber nach. Es war kein Zufall. Ich hatte das richtige Gespür und offensichtlich auch unsere Kunden, die heute kein Bedürfnis hatten, mit uns zu telefonieren.

Der Ruf

Wir bekommen einen neuen Mitarbeiter. Ich bin überglücklich. Er ist erst seit ein paar Tagen bei uns. Es ist mir klar, dass für ihn noch alles neu ist und er sich erst einarbeiten muss. Mir gefällt sein Engagement. Er will diesen Job.

Heute fährt er mit meinem Mann das erste Mal zu einem unserer Kunden. Für meinen Mann ist es eine Art Feuerprobe. Wie ist er im persönlichen Kundenkontakt zu gebrauchen? Wie gut kann er mit Menschen umgehen? Wie einsatzfreudig, wie improvisationsfähig ist er? Wie passt er zu uns?

Endlich, denke ich. Ich bin davon überzeugt, dass wir die richtige Wahl getroffen haben. Die Auswahl der Kandidaten war nicht leicht gewesen. Endlich können wir loslegen. Ich habe Hunderte von Ideen in meinen Kopf, wie der neue Mitarbeiter uns behilflich sein kann. Welche Arbeiten er übernehmen kann. Er hat ein technisches Verständnis und kann meinem Mann zur Hand gehen. Er kann auch mich entlasten, Dokumentationen aufarbeiten. Mit ihm können wir unsere Firma auf Vordermann bringen und uns breiter aufstellen.

Zuerst muss er jedoch eingearbeitet werden. Auch hier sprudeln meine Ideen. Da ist diese Liste, in der alle gewarteten Computerarbeitsplätze eingetragen sind. Sie könnte gegliedert, strukturiert werden und gleichzeitig kann er sich mit den Namen und Projekten unserer Kunden vertraut machen.

Ich sprühe förmlich über und bin guten Mutes, auch wenn an diesem Tag das Telefon nicht stillzustehen scheint. Jeder ruft an. Jeder. Jeder hat etwas auf dem Herzen. Die meisten Anliegen lassen sich schnell klären. Einige fordern uns heraus. Aber es ist nichts dabei, was schwierig ist und akuten Handlungsbedarf erfordert. Selbst unser Mitarbeiter, der mit mir Bürodienst schiebt, fragt mich: „Was ist heute los?" Ich weiß es nicht. Es scheint beinahe so, als würden alle namhaften Kunden mich rufen hören: „Wir haben Verstärkung in unserem Team. Wir sind für euch da."

Schwierige Zeitgenossen

Es ist kurz vor Weihnachten. Ich bin die Letzte im Büro und halte noch die Stellung. Es ist mittlerweile still geworden, das Telefon schweigt. Ich bin guter Dinge und sehe es als Zeichen, dass ich die Zeit zwischen den Jahren entschleunigt genießen kann. Ich freue mich auf das Weihnachtsfest und auf die Feiertage.

Dann läutet es doch. Ein Kunde ist am Apparat. Er klingt wenig ausgeglichen: „Die Scheiße geht nicht.“

„Lassen Sie mich doch auf Ihre Anlage. Dann kriegen wir das Programm wieder fit", sage ich und schlucke die nicht gehende Scheiße kommentarlos hinunter.

„Ja, machen Sie das", sagt er. Während ich mich mit seiner EDV-Anlage verbinde, lässt er Dampf ab. Ich bleibe höflich und versuche, nicht emotional zu reagieren. Spätestens, wenn ich das Problem erkannt habe, wird er sich beruhigen. Sein Bildschirm öffnet sich und nach zwei Mausklicks fliege ich aus der Anlage. „Ist Ihre Internetverbindung in Ordnung?", frage ich.

„Einwandfrei", gibt er mir zur Antwort und ich baue erneut die Verbindung zu seinem Computer auf. Nach einigen Sekunden fliege ich wieder raus. „Können Sie alle geöffneten Programme schließen und dann die Fernwartung neu starten?", bitte ich ihn. Doch nach dem Neustart stehen wir vor demselben Problem. Eins, zwei, maximal drei Klicks und schon bricht das Fernwartungsprogramm die Verbindung ab.

„So kommen wir nicht weiter", sage ich. „Mit dem Fernwartungsprogramm stimmt etwas nicht."

„Das ist nicht mein Problem", sagt er. „Sie sind die Spezialistin." Ich teste das Fernwartungstool, indem ich eine Verbindung zu einer anderen Firma aufbaue. Sie funktioniert einwandfrei.

„Es liegt an Ihrem Computer", sage ich. „Ich muss Sie bitten, das überprüfen zu lassen. Mir sind hier die Hände gebunden, solange ich keinen funktionierenden Zugriff zu Ihnen habe."

„Ich bin Handwerker und kein Computerspezialist. Wofür bezahle ich Sie?"

Ich schließe die Augen und atme tief ein. „Ich habe dich doch lieb." Es fällt mir nicht leicht, diese Worte zu denken. Ich versuche den Menschen hinter der unwirschen Seele zu sehen. Mit all seinen Problemen. Mit all seinen Schwierigkeiten und Enttäuschungen. Mit all seinen Erfahrungen. Mit all seinen Weltbildern, Überzeugungen und Überlebensstrategien. Er ist, wie er ist. Ich muss damit nicht einverstanden sein, ich muss ihn nicht bekehren. Keinen Tag bin ich in seinen Schuhen gelaufen. Ich habe dich doch lieb. Er kämpft, er liebt und er leidet. Ich habe dich doch lieb. Nochmals schicke ich meinen Gruß wortlos durch das Telefon.

„Ich kann Ihnen jetzt nicht helfen", sage ich.

„Dann lassen Sie sich etwas einfallen", sagt mein Kunde und legt auf.

Ich ärgere mich. Ich ärgere mich über sein Verhalten. Ich ärgere mich, dass er meine Ausgeglichenheit, meinen Wunsch nach entspannten Weihnachtsfeiertagen ins Wanken gebracht hat. Ich ärgere mich, dass meine Zauberformel nicht funktioniert hat.

Sie funktioniert wie das berühmte Lächeln, das man durch das Telefon hören kann. Die gedachten Zauberworte nahmen in der Vergangenheit oft den Druck aus den Gesprächen heraus. Diese wurden persönlicher, ehrlicher und tiefsinniger. Und nicht selten endeten die Telefonate mit einem Lachen. Seit ich sie anwende, werden selbst schwierige Zeitgenossen handzahm. Das hat auch mein Mann erkannt und versucht, mir den einen und anderen Gesprächspartner aufs Auge zu drücken. „Mach du doch, du kannst gut mit Leuten."

Nur dieser Kunde bleibt heute schwierig. Ich starre das Telefon an. Was soll ich tun? Ich entscheide mich, das Problem zu vertagen. Es nicht mit in die Feiertage zu nehmen.

Nach den Feiertagen läutet das Telefon und ich erkenne die Rufnummer im Display: Es ist mein schwieriger Zeitgenosse. Ich greife zum Hörer, bevor jemand anderer aus unserer Firma abhebt. Eine Lösung habe ich noch nicht parat. Aber eine Idee: Wir könnten es mit einem anderen Fernwartungsprogramm versuchen. Wie allerdings kriegt mein „Handwerker" dieses ohne fremde Hilfe installiert? Ich atme tief ein, bevor ich mich melde.

Oh! Was ist denn mit ihm passiert? Er ist freundlich. Der vorweihnachtliche Zankapfel erscheint im Licht der Erkenntnis. Ein technisch versierter Mensch hat sich an seinen Computer zu schaffen gemacht und das Problem behoben. Manches Mal lösen sich Dinge auch von selber.

Ich habe dich doch lieb.

Gedankenhygiene

Wer auf Mangel starrt, wird Mangel ernten. Ich weiß nicht, was ich von Sprüchen dieser Art halten soll. Es gibt sie zuhauf: Energie folgt der Aufmerksamkeit. Deine Gedanken von heute sind deine Erfahrungen von morgen. Man erschafft sich selbst die Welt, in der man lebt. Dein Leben will zu jedem Zeitpunkt nur dein Bestes.

Ich frage mich, was ich falsch mache, dass ich eben nicht schnell locker flockig mit den Euros um mich schmeißen kann. Aber vielleicht ist an dem Glaubenssatz, dass ich für mein Geld fleißig arbeiten muss, doch etwas dran. Ich kenne es nicht anders. Es wurde mir vorgelebt und alle meine eigenen Erfahrungen spiegeln es wider.

Starre ich auf Mangel oder halte ich es für möglich, dass mir mehr zustehen darf? Ich weiß es nicht, aber an der Weisheit, dass Energie der Aufmerksamkeit folgt, scheint etwas dran zu sein. Ich beobachte es in meinem beruflichen Umfeld. Je mehr wir uns mit einem Thema beschäftigen, desto mehr scheint es auch andere Menschen zu interessieren. Zu manchen Zeiten scheinen sich unsere Kunden verabredet zu haben. Es sind die gleichen Themen, Probleme und Programmwünsche.

Es ist auch keine Seltenheit, dass sich prompt die Menschen telefonisch melden, an die ich gedacht habe. Spüren es die Menschen, wenn ich an sie denke? Oder umgekehrt?

Ich sitze im Zug. Nicht in dem, in dem ich hätte sitzen sollen. Ich habe einen Zug später genommen, obwohl mein Sparticket eine Zugbindung hat. Der Schaffner kontrolliert mein Ticket. Er gibt es mir wieder zurück. Ich greife danach und denke: Er hat es nicht bemerkt. Doch der Schaffner hält inne und nimmt das Ticket wieder an sich. Scheiße, denke ich und ich behalte recht. Ich darf auf den vollen Preis nachbezahlen, und der ist nicht ohne. Es ist nicht das erste Mal, dass mir dergleichen passiert.

Gedankenhygiene, sagte ein Mann zu mir, mit dem ich ins Gespräch kam. Ich bin bei ihm. Es macht das Leben einfacher, wenn man seine Gedanken sauber hält und diese auf das Positive ausrichtet.

Die Fahnenstange

Ich ärgere mich. Seit über einer Stunde sitzen wir am Tisch zusammen. Die Gespräche gehen über unverfänglichen Small Talk hinaus. Die mir gegenübersitzende Frau erhebt ihre Exklusivitätsansprüche: einkaufen in dieser Boutique, die Fürsorglichkeit für ihre Angehörigen, Schnickschnack hier und Tamtam dort. Schließlich folgen noch klagende Sätze über das Lohnniveau. Über was beklagt sich die Gute, frage ich mich. Es ist doch eine Menge Kohle, die sie einstreicht. Das sage ich auch und mache mich gleichzeitig unbeliebt. Da ist doch das Studium, lässt sie mich wissen. Das muss doch adäquat honoriert werden.

„Du weißt doch, wie sie ist", sagt mein Mann auf der Heimfahrt. Ja, das weiß ich, dennoch habe ich mich triggern lassen. Warum eigentlich, frage ich mich. Weil ich mich dabei herabgesetzt fühle? Weil ich mit meinem Geld immer sparsam gewirtschaftet habe und auch auf einiges verzichtet habe? Weil mir mein Einkommen nicht ins Haus flattert und ich dafür jeden Tag wieder etwas dafür tun muss? Ich seufze. Manche Menschen leben eben auf einem anderen Fuß. Was treibt die Frau um, frage ich mich und schließe die Augen.

Ich sehe, wie sie eine Fahnenstange hält, auf der oben eine Fahne flattert. Die Stange ist unheimlich lang und biegt sich mit dem Wind. Die Frau hat zu tun, dass sie die Fahnenstange überhaupt halten kann.

Ich lache. Das Bild passt. Und mein Ärger ist augenblicklich verschwunden.

Was willst du?

„Was willst du?", frage ich mich. Worte sprudeln aus mir heraus. Sie bleiben unausgesprochen, richten sich an mich und an Menschen, mit denen ich hadere.

Was willst du, frage ich, während es nicht still wird in meinem Kopf.

Willst du weiter Menschen gute Ratschläge geben, die sie nicht hören wollen? Willst du weiter darauf beharren, dass deine Welt der Maßstab ist? Am liebsten um dich schreien, weil man dich nicht versteht? Was willst du hören? Die Wahrheit? Die Wahrheit über dein eigenes Weltbild?

Was willst du? Du hast geschuftet, hast dich angepasst. Du hast dich bemüht. Dann jetzt das. All deine Hoffnungen zerbersten, lösen sich auf. Du bist wieder auf dem Boden angekommen. Warum immer ich, fragst du. Du trägst Worte und Erinnerungen in dir, die dich verletzt haben. Willst du dich weiterhin in der Opferrolle suhlen? Darüber lamentieren, was dir widerfahren ist? Was wer auch immer einmal gesagt hat? Du trägst es noch immer mit dir herum, selbst Jahrzehnte danach. Wie lange willst du es noch mit dir herumschleppen? Was hat das mit dir zu tun? Ist es wirklich so, wie du glaubst?

Was willst du? Willst du deinen Glanz in der Gesellschaft aufrechterhalten? Oder kämpfst du um einen Platz darin? Lechzt du nach Anerkennung? Nach dem Stück Zuwendung und Wohlwollen, das dir verwehrt wurde? Von Menschen, die genauso unvollkommen sind wie du? Zu denen du vielleicht empor- oder hinabblickst? Willst du weiter die Bilder ansehen, die dir Glück suggerieren? Dich von Menschen und Werbebotschaften beeindrucken lassen? Weiter das Scheinwerferlicht auf Lack und Hochglanz halten, während die essenziellen Dingen an dir vorbeirauschen? Oder willst du auch einmal oben stehen? Dem Beifall lauschen, den man dir klatscht. Endlich anerkannt werden. Endlich zeigen, was in dir steckt. Mögen alle vor Neid erblassen. Endlich hast du dich aus dem Kostüm gezwängt, welches dich eingeschnürt hat.

Was willst du? Dich weiter Attacken aussetzen? Pfeile einsammeln, von denen du glaubst, dass diese auf dich gerichtet waren? Giftpfeile, geschnitzt aus Halbwahrheiten und Nichtigkeiten. Was willst du damit? Eine Sammlung aufbauen? Beweise sichern, damit du sagen kannst: „Seht her! Es ist mir Unrecht widerfahren." Willst du einen Grund benennen? Willst du dich verteidigen? Weil du es nicht auf sich beruhen lassen kannst? Weil du dir das nicht gefallen lassen darfst? Willst du Rache oder Genugtuung? Willst du selbst Giftpfeile abschießen? Weil es raus muss aus dir? Weil Krieg ist?

Was willst du? Resignieren aus Enttäuschung, Verbitterung, oder weil du dich nicht mehr zurechtfindest? Weil man dich wie eine heiße Kartoffel hat fallen lassen? Weil man dich nicht liebt? Weil niemand Rücksicht auf dich nimmt? Weil du nicht mehr der Fußabtreter sein möchtest?

Was willst du? Willst du weiter glauben, dass du keine Schwächen haben darfst? Dass du stark sein musst? Dass dir so vieles nicht zusteht? Dass dir andere etwas wegnehmen? Dich übervorteilen? Dich nicht schätzen? Dich bevormunden? Willst du ein Stück vom Kuchen?

Was willst du? Willst du weiter das Feuer schüren? Bis es noch größer lodert, aufflammt und von Weitem zu sehen ist? Jede Flamme, jede Zunge davon erzählt, was du denkst? Erwartest du Solidarität? Dass andere dir helfen zu pusten? Willst du das Feuer weiter nähren mit dem, was du hören willst? Ist das das, was du willst?

Was willst du? Willst du weiter Sätze formen, die alle mit „Ich wollte doch …", „Ich habe doch …" beginnen? In denen das Ich an erster Stelle steht? Willst nur du in deinen Zwiegesprächen reden und nicht hören, was deine imaginären Gesprächspartner zu sagen haben?

Wann hören endlich deine Rechtfertigungen auf? Warum meinst du überhaupt, dich rechtfertigen zu müssen? Bist du dir im Klaren darüber, dass Rechtfertigungen dich selbst klein machen? Dass du damit anderen erlaubst, Macht über dich auszuüben? Wenn du einen Fehler gemacht hast, steh dazu. Wenigstens vor dir selbst. Wenn du keinen Fehler gemacht hast, kannst du doch darüber stehen, oder?

Was treibt dich um? Ist es gekränkter Stolz, Missgunst, Ungerechtigkeit oder Enttäuschung? Was ist in dir? Was will nicht schweigen?

Was willst du? Akzeptieren, dass es ist, wie es ist? Retten, was zu retten ist? Der Wahrheit zum Sieg verhelfen? Dich und andere, so wie sie sind, respektieren?

Kannst du nicht erkennen, dass deine Wut, dein Ärger verschenkte Energie sind? Willst du weiterhin der Gefangene deiner Selbst sein? Ist es das, was du willst?

Schmerzende Wunden

Ich tröste mich mit den Worten, dass ich es gut gemeint habe. Nicht immer läuft der Gang durch das Leben auf einem blütenweißen Teppich. Manch ein Abschied ist überschattet. Manches Wort war falsch gewählt. Manche Entscheidung schlecht getroffen und manches ist eben so, wie es ist.

„Das Kind ist tot", sagt eine Bekannte zu mir. Ich erschrecke über den Satz, weiß jedoch auch, was sie damit sagen will. Es ist vorbei. Der Zug ist abgefahren. Ich kann es nicht mehr ändern.

Mir jetzt Vorwürfe zu machen, was ich damals anders hätte machen sollen oder können, bringt nichts. Es ist, wie es ist. Dennoch ist es schwierig, die Gedanken zum Schweigen zu bringen. Mein Verstand ist wach und sagt mir, dass ich die Vergangenheit ruhen lassen und mir keine Vorwürfe machen soll. Er hat recht. Warum ständig darauf herumkauen? Den Ballast mit mir herumschleppen? Ich bin nicht die, die es richten, sondern nur akzeptieren kann. Dennoch fällt es mir schwer.

Ich schlendere durch den Garten und betrachte den blühenden Apfelbaum. Er erinnert mich an ein Bild: ein blühender Baum am Ende eines Tunnels. Auch auf einstigen Schlachtfeldern können wieder Blumen blühen, denke ich. Zuerst siedeln sich Pionierpflanzen an. Ja, vielleicht brauchen sie sogar den kargen Boden, die Dürre. Sie machen ihn urbar.

Dann lächle ich, denn ich habe einen Gedanken. Das nächste Mal, wenn mich negatives Vergangenes in meiner

Erinnerung einholt, werde ich virtuell ein Rosenstöckchen pflanzen. Dorthin, wo die Wunde klafft und es der Heilung bedarf. Wenn ich schon nichts real verändern kann, dann kann ich es wenigstens in Gedanken. Ich vertraue darauf, dass sich die Situationen eines Tages zum Positiven verändern werden, auch wenn es möglicherweise einen langen Atem braucht.

5.

Es gibt noch immer diese Angst. Sie taucht zwischendurch auf und schreit mir zu: „Du darfst das nicht!" Es werde ein Unheil passieren, wenn ich mich weiterhin mit Dingen beschäftige, die ins Mystische führen. Eine Strafe werde mich treffen. Ich werde alles verlieren. Himmel! Was denke ich da? Niemand straft mich. Weshalb denn auch? Warum ist diese unterschwellige Angst in mir? Soll ich mich dem Standpunkt der Menschen, die alle nicht wissenschaftlich zementierten Ansatzpunkte ins Lächerliche ziehen, anschließen? Sagen, dass nur das zählt, was Fakt ist?

Es ist Sonntag und ich sinniere darüber nach. Woher kam die Angst? Gibt es da einen Anhaltspunkt? Ich beschließe, mich meiner Intuition zu öffnen, und suche einen ruhigen Platz. Dort sitze ich, ruhig und gelassen. Ich schließe meine Augen und stelle wortlos die Frage: „Angst, woher kommst du?"

Ein inneres Bild taucht auf. Ich sehe einen Berg in der Ferne. Doch mit dem Berg stimmt etwas nicht. Er raucht! Es ist ein Vulkan! Der Vesuv.

Ich öffne meine Augen wieder. Was bitte sehr, hat der Vesuv mit mir zu tun? Oder Pompeji? Was weiß ich eigentlich darüber? Die Menschen wurden von dem Ausbruch überrascht und unter einer dicken Ascheschicht begraben, so entsinne ich mich.

Ich hole meinen Laptop hervor und beginne mich im Internet darüber zu informieren. Bei meiner Recherche entdecke ich einen Film, der das damalige Ereignis nachstellt. Es ist Sonntag und ich habe Zeit. Ich sehe mir den Film an.

Demzufolge wurden die Menschen nicht ad hoc überrascht und sie starben nicht sofort. Das unheilvolle Drama, das sich etwa 60 nach Christus ereignete, dauerte mehrere Tage. Aschewolken, herabregnender Bimsstein und einstürzende Dächer. Husten und Atemnot. Was mussten diese Menschen durchgemacht haben? Ein Vulkanausbruch war etwas, das sie nicht kannten. Ein Berg, der Feuer und Asche spie, etwas Übernatürliches. Die Götter zeigten ihren Zorn und die Menschen ereilte die Strafe.

Als der Film zu Ende ist, frage ich meinen Mann, ob wir unseren alljährlichen Dreitagesurlaub dieses Jahr in Neapel verbringen wollen. Ja, das könne er sich vorstellen. Neapel und die italienische Küste, ja, damit könne er sich anfreunden.

So spaziere ich mit ihm einige Monate später über Plätze und durch die Gassen von Pompeji. Es muss eine blühende Stadt gewesen sein. Häuser, Tavernen, Gewerbe, Theater, Bäder und viele Kultplätze. Es übermannt mich kein Déjà-vu. Nur der Blick vom damaligen Marktplatz in Richtung Vesuv ist dem aus meiner Erinnerung verblüffend ähnlich. Natürlich hatte ich dieses Bild schon einmal im Fernsehen oder in Büchern gesehen. Eine Einprägung? Oder hatte ich hier schon einmal gelebt? Zur Zeit des Ausbruches? Wenn ja, dann muss es dramatisch gewesen sein. Der verdunkelte Himmel. Ein Berg, der Feuer und Asche spie. Steine, die vom Himmel fielen, und eine stickige Luft. Hustende Menschen, Familienangehörige, eine kaputte Stadt. Eine Strafe – wofür auch immer – war eingetreten. War ich damals dabei? War es eine Information aus dem Ahnengedächtnis? Oder hatte ich zu viel ferngesehen?

Es ist unerheblich. Mein Unterbewusstsein hat dieses Bild zutage gefördert. Es hat mir gezeigt, dass ich diese alte Angst vor dem Zorn der Götter in mir trage. „Das darf nicht mehr passieren", sagte es mir. Seit dieser gewonnenen Erkenntnis ist die unterschwellige Angst nicht mehr präsent. Sie ist einfach weg. Es gibt keinen Zorn, der mich von unsichtbaren Sphären trifft. Der mich bestraft und mich niederschmettert. Es lebt sich ohne diese Angst vor plötzlich Unheilvollem viel, viel besser.

Ich fühle mich für vieles verantwortlich. Das war schon immer so. Ob es das kritische Gesicht meines Vaters war oder der übellaunige Blick eines anderen Menschen. Ich musste dafür geradestehen. Ich nahm es auf meine Schultern. Ein Nein fiel mir immer schwer. Es zieht sich durch meine Kindheit, in der das Mitanpacken auf der Tagesordnung stand. Aber das alleine war sicherlich nicht der Auslöser für das Gefühl, verantwortlich zu sein. Ich spürte, dass ich zu funktionieren hatte, dass ich auch als Mädchen meinen Mann zu stehen hatte. Ich erinnere mich an eine Erkenntnis aus meinen Kindertagen: Ich bin nicht verantwortlich, wenn eine Brücke einstürzt. Ich habe sie nicht gebaut. Diese Gewissheit löste Erleichterung in mir aus.

Aber wenn etwas nicht rundlief und ich irgendwie dabei war, dann machte ich dies zu meinem Problem. Und genau das machte mir das Leben schwer. Ich versuchte jeglicher

Konfrontation aus dem Wege zu gehen. Ich wollte im Vorfeld schon gewappnet sein und niemand sollte etwas zu meckern haben.

Ein Kunde, zu dem wir regen Geschäftskontakt haben, ruft mich an. Er poltert los und lässt kein gutes Haar an einer Sache. Als ich nach mehreren Minuten des Gespräches den Telefonhörer auflege, bin ich platt. Zugeschüttet mit Selbstzweifeln und den Tränen nah. Dieses Gespräch nimmt mir alle klaren Gedanken. Ich versuche meine Arbeit fortzusetzen. Doch es gelingt mir nicht. Ich kann mich nicht mehr konzentrieren. Kreative Gedankenprozesse sind für den Rest des Tages nicht mehr möglich.

Das Gespräch und meine Selbstzweifel rumoren in mir. Was hätte ich besser machen können? Dennoch verstehe ich die Situation nicht. Ich habe mein Bestes gegeben, was meinen Kunden offensichtlich nicht genug war. Noch dazu gibt es keinen konkreten Anlass, der seinen Ausraster gerechtfertigt hätte. Oder produziere ich nur Mist und andere können es besser?

Dieses fünfminütige Telefonat raubt mir tatsächlich vierzehn Tage. Sobald ich programmieren will, tauchen die Gedanken daran auf. Es ist wie ein Reifen, aus dem die Luft herausgewichen ist. Ich eiere herum. Mal nach links, Richtung Selbstzweifel. Mal nach rechts, Richtung Niedergeschlagenheit. Nur zum Fahren, zum konzentrierten Arbeiten komme ich nicht.

Nahe unseres Grundstückes fährt die Eisenbahn vorbei. Ich sehe das Bild, wie die Züge vorbeifahren. Sie fahren vorbei, aber queren mein Grundstück nicht. Ich kann sie vorbeifahren lassen, ohne dass ich auf einen Zug aufspringe.

Ein zweites Bild macht es mir nochmals verständlicher: Es ist eine Kirche. Es ist die Kirche meines Kunden, sein heiliger Raum, dem er huldigt. Das macht mir deutlich, dass ich mich in eine fremde Kirche ziehen ließ. Ich konnte mich nicht abgrenzen. Sein Unmut, seine persönliche Befindlichkeit schwappte auf mich über. Aber jetzt erkenne ich sie als sein Bauwerk, sein Gebetshaus. Ich werde es respektieren: seine Geschichte, seine Wahrheit, seinen Glauben.

Ich habe auch meine Kirche, die ich mir selbst gebaut habe. Und nicht alles, was darin ist, ist aus Gold. Möge sie wie auch immer ausgestattet sein. Möge sie mit all dem tapeziert sein, was an Erfahrungen, an Glaubensmustern, an Denkweisen und an persönlichen Empfindungen präsent ist.

Seit ich dieses Bild verinnerlicht habe, fällt es mir leichter, mit schwierigen zwischenmenschlichen Situationen umzugehen. Ich behaupte auch, dass sie weniger geworden sind. Es geht mir nicht darum, den anderen mit seinen Problemen und Höhenflügen alleine zu lassen, sondern darum, zu erkennen, ob ich mich gerade in einer fremden Kirche befinde.

Wie jeden Tag gehe ich die Treppe morgens hinab. Doch heute bleibe ich nach drei Stufen stehen. Es hat sich etwas verändert. Es ist anders als noch vor ein paar Jahren. Nein, es sind nicht die äußerlichen Veränderungen: Ich habe mich verändert.

Ich bin authentischer. Fröhlicher. Nicht mehr so verbissen, und ich bin zuversichtlich.

Ich bleibe auf dem Treppenabsatz stehen. Würde ich die Zeit zurückdrehen können, respektive mich zurückdrehen, dann würde mich jetzt eine Art Stumpfheit oder Taubheit auf dem Weg begleiten. Ich würde wie ein Ball über das Spielfeld rollen und die Richtung ändern, wenn mich die Spieler anstoßen. Immer und immer wieder würde ich meine Bahnen ziehen und dabei versuchen, mich anzupassen. Ich würde der Spielball sein und nicht den Ball spielen.

Ich würde die Probleme der anderen Menschen zu meinen machen. Und meine Einstellung über andere ausgießen. Glauben, mich verteidigen, mich rechtfertigen zu müssen, und mich selbst zum Opfer und Sündenbock erklären.

Ich habe mich selbst auf meinen Weg begleitet. Mich selbst am Schopf gepackt. Ich stehe auf der Treppe und führe ein Selbstgespräch. Worte liegen in meinen Gedanken, die ich gerne aufschreiben würde. Die ich gerne weitergeben würde. Aber wer hört auf mich? Ich habe keine Diplome, keinen Titel, der mich glaubwürdig macht. Ich habe nichts vorzuweisen, denke ich und gehe die Stufen hinab.

Unseren diesjährigen Kurzurlaub zu unserem Hochzeitstag wollen mein Mann und ich auf Mallorca verbringen. Wir waren beide noch nie dort. Es zieht uns an die Ostküste, fernab von Luxusjachten und Trubel. Es ist November und auf Mallorca hat man bereits vielerorts die Stege hochgeklappt. Wir haben uns einen Kleinwagen gemietet und fahren die Insel ab. Ich sitze auf dem Beifahrersitz und schaue meinen Mann an. Er ist eine Seele von Mensch. Ich kann von Glück sprechen, ihn an meiner Seite zu haben. Er ist nicht nur Mensch, sondern vielmehr auch ein Mann. Er interessiert sich für Technik. Auch jetzt wieder. Er hält das Lenkrad fest, starrt auf den Tacho und sagt: „Viel kommt da nicht." Kann ja auch nicht, denke ich. Wir fahren gerade einen Berg hoch. Mein Blick schweift in die Landschaft. Schön ist es hier. Sein Blick ist noch immer auf die Anzeigen am Armaturenbrett gerichtet. Er schaltet einen Gang herunter und erzählt mir etwas von Drehmoment und Wirkungsgrad, während ich die Kiefern am Wegrand bestaune.

Ich habe mich verändert und manches Mal glaube ich, dass wir aneinander vorbeireden. Gibt er mir noch das Stück Heimat, das eine Beziehung sein sollte? Ich weiß es nicht. Vielleicht waren meine Depressionen, die zeitlich mit unserem Hausbau und später mit unserer Hochzeit einhergingen, auch ein Wink, ein Hinweis, mich nicht zu binden. Hatte das Gedankenmonster, welches mir suggerierte, dass ich weggehen müsse, doch recht? Ich habe den Gedanken, dass zwischen uns etwas nicht stimmen könnte, immer weggeschoben.

Ich schüttle den Kopf. „Ist alles in Ordnung?", fragt mein Mann. „Ja", sage ich. Es ist alles in Ordnung und es ist wunderschön hier.

Am nächsten Tag haben wir eine zweistündige Auszeit voneinander. Mein Mann geht zur Massage. Sein Rücken ist verspannt und das Wohlfühlangebot des Hotels kommt ihm gerade recht. Mir auch.

Ich muss nachdenken. Nein, zu denken gibt es eigentlich nichts. Ich suche mir einen Platz nahe am leeren Pool. Ich entdecke einen großen Stein unter einer Palme. Hier fühle ich mich ungestört. Ich zentriere mich und schließe die Augen. Ist die Heimatlosigkeit, die ich in unserer Beziehung spüre, berechtigt, frage ich. Ich sehe ein offenes Gewächshaus. Auf den Pflanztischen sind viele Töpfchen mit rosa Rosen. Ich pflege diese Rosen. Es sind meine. Mein Mann ist bei mir und sieht mir zu. Er wird mir helfen. Er ist bei mir.

Wir verbringen ein paar schöne Tage auf Mallorca. Es ist Saisonende und manche Strände sind menschenleer. Wir genießen die späte Herbstsonne. Laufen barfuß am Strand und lassen unsere Beine vom kalten Meerwasser umspielen. Wir haben uns im Supermarkt spontan etwas zum Vespern gekauft und machen ein Picknick am Strand. Ohne Decke und ohne Picknick-Schnickschnack. Das Leben kann zu zweit so schön sein. Wie war das mit dem Brötchenduft? Man gewöhnt sich an den Duft von frischen Brötchen. Erst wenn man den Raum neu betritt, riecht man den herrlichen Duft wieder.

Zu Hause entdecke ich eine Veränderung an mir. Ich bin abends nach einem Arbeitstag nicht mehr so müde und matt.

Statt mich vor den Fernseher zu hocken, bin ich aktiv. Ich bereite Essen für den nächsten Tag vor und krame in der Wohnung herum. Es ist wie ein Sektkorken, der aus der Flasche gesprungen ist. Ein Meer an Energie sprudelt daraus.

Über drei Jahre bin ich tablettenfrei und dennoch greife ich eines Tages wieder zur Medikamentenpackung. Es wird mir alles zu viel. Ich bin nervös, fühle mich hin und hergerissen. Was ich beim ersten Rückfall als Depressionserscheinung abtat, wird mir jetzt nochmals bewusst: Die Tabletten reißen mich ein Stück in die Tiefe, bevor sie beginnen zu helfen. Diesmal gehe ich zu meinem Therapeuten. Ich erzähle von meinen Rückfällen, von meinem Job und meinen Verstimmungen. „Ja", sagt er und nennt mir einen Fachausdruck. „Sie gehören vermutlich zu den Menschen, die Tabletten auf Lebenszeit brauchen. In Managementkreisen ist dies auch keine Seltenheit."

Bevor ich seine Praxis verlasse, empfiehlt er mir noch ein Buch. Darin sind Übungen zur Visualisierung. Unter anderen die Päckchen-Übung, sagt er. Um meine freie Zeit nicht mit Problemen aus dem Berufsleben zu belasten, kann ich meine Sorgen auf dem Heimweg in Päckchen packen und ablegen.

Ich kaufe mir das Buch. Lese jedoch nur die ersten Seiten. Ich habe schon längst meine visuelle Methode gefunden. Aber danke für den Tipp, denke ich und freue mich, dass die Arbeit mit inneren Bildern auch von diplomierten Therapeuten empfohlen wird.

Ich ziehe mich zurück, blende alles aus, was mich unter Druck setzt. Ich mache keine Pläne, sondern denke nur noch schrittweise. Heute, morgen. Nächste Woche? Nächste Woche ist nächste Woche und dann wird entschieden. Mein Mann kann wichtige Entscheidungen treffen und vorausschauend handeln.

Es ist nicht leicht. Noch am Feierabend und vor dem Einschlafen beschäftigen mich berufliche Dinge. Doch ich bleibe meinem Vorsatz treu: weg mit den Sorgen. Wenn es mir nicht gelingt, stopfe ich mir die kleinen Ohrhörer ins Ohr und höre ein Hörbuch. Meist stelle ich den Timer auf dreißig Minuten. Das langt im Regelfall. Wie bei einer Gutenachtgeschichte schlummere ich ein. Einschlafgeschichten funktionieren nicht nur bei Kindern.

Dennoch sitze ich jeden Arbeitstag im Büro. Was soll's, sage ich mir. Ich bin zu jung, um mich aus dem Arbeitsleben zurückziehen zu können, und zu gesund, um mich krankheitsbedingt auszuklinken. Ich packe das. Aber ich erkenne, dass es Zeit ist, mehr im Jetzt zu leben. Abends noch eine Runde mit dem Fahrrad zu fahren, kleine Ausflüge zu unternehmen, mir selbst mehr Wertschätzung zukommen zu lassen. Ich habe es schon so oft gehört und gelesen: in der Gegenwart leben und die Momente einsammeln, ohne in der Vergangenheit und in der Zukunft verhaftet zu sein.

Ich weiß dennoch, dass ich mich verändert habe. Ich bin nicht mehr die, die ich einmal war. Ich habe eine Verbesserung meiner Lebensqualität erfahren. Mein Weltbild, meine Meinungen habe ich um neue Blickwinkel erweitert. Oft denke ich nicht mehr so kompliziert und mein Denken wird klarer. Das bemerke ich auch bei meiner Arbeit. Statt mich in wirren Programmierprozeduren zu verstricken, finde ich öfter schneller eine Lösung. Die wiederkehrenden Träume bleiben aus. Offensichtlich habe ich den Programmsender gewechselt. Ich versetze nachts unser Haus auch nicht mehr. Ich bin darin angekommen. Alte Fesseln haben sich gelöst und ich habe Vertrauen gewonnen. Ich bin toleranter und kompromissloser gleichzeitig geworden. Ich bin authentischer und fröhlicher. Auch wenn mir das Leben an manchen Tagen schwerfällt. Ja, auch zur Qual wird.

Ich boxe mich durch den Alltag. Stimmungshochs wechseln mit Stimmungstiefs ab. Ich werde immer mehr zum Beobachter. Setzte ich meinen Fokus früher auf das Außen und auf das Erlebte, richte ich ihn neuerdings vermehrt auf mich.

Vom Hören, Sehen und Wahrnehmen

Ich bin zum Geburtstag eingeladen. Wir sind etwa zehn oder fünfzehn Menschen, die am Tisch sitzen. Ich kenne die Menschen und ich kenne ihre Themen, um die sich die Gespräche drehen werden. Da der Tisch groß ist, entwickeln sich mehrere Gespräche gleichzeitig. Und wie immer will jeder reden, der etwas zum jeweiligen Thema beizutragen hat. Man wartet auf eine Pause, mag am liebsten den anderen unterbrechen. Ich spreche meinen Satz nicht zu Ende und halte inne. Schon hat ein anderer Gesprächsteilnehmer das Wort ergriffen. Wieso fragt mich niemand, was ich sagen wollte? Aber so ist es eben bei uns Menschen: Jeder will reden und keiner zuhören.

Dort, wo ich sitze, fällt ein Stichwort. Zu meinem Erstaunen mischt sich ein Gast vom entfernten Eck ein. Er muss gute Ohren haben, denke ich. Bei dem ganzen Gequatsche am Tisch hat er es gehört, wie Mutterohren, die im Schlaf das Glucksen des Babys hören. Offensichtlich ist es eins seiner Themen.

Alles eine Sache der Wahrnehmung, denke ich später. Ist es wie mit unserer Nasenspitze? Sie ist zwangsläufig in unserem Blickwinkel, dennoch sehen wir sie nicht. Unser Gehirn blendet sie aus.

„Hast du den Maserati gesehen?", fragt mich mein Mann bei der Autobahnfahrt. Ich schüttle den Kopf. Nein, habe ich nicht. „Wirklich nicht?", fragt er nach. „Den musst du doch gesehen haben."

Ich unterhalte mich mit einer Lehrerin. In ihrer Schulklasse befinden sich einige Schüler aus sozial benachteiligten Familien. Ist Bildung eine Sache des Geldes? Ja, natürlich, sagt sie. Wenn zwei Schüler das gleiche intellektuelle Potenzial haben, jedoch aus einem unterschiedlichen sozialen Umfeld kommen, hat der aus dem schwachen es naturgemäß schwerer. Ich schüttle unmerklich meinen Kopf. So ganz bin ich nicht bei ihr. Ich glaube vielmehr, dass es darauf ankommt, was auf dem Schirm des jeweiligen Schülers ist. Das Umfeld prägt. Wie soll ein Kind, welches von Perspektivlosigkeit umgeben ist, eine positive Vorstellung haben? Wie soll es seine Beine auf den Boden bekommen, wenn der Dunstkreis gesellschaftlich desillusioniert ist.

„Ich werde Anwältin", sagt eine Zehnjährige zu mir.

Ihre Mutter blickt mich an und hebt die Augenbrauen. „Wenn du deinen Notendurchschnitt nicht steigerst, wird das allerdings nichts", sagt sie.

Die Kleine verschränkt ihre Arme. „Wieso? Papa konnte es doch auch."

Aber ich ...

„Sie haben doch keine Ahnung", pflaumt mich die ältere Dame an. Ich balle die Fäuste in meiner Hosentasche und überlege, ob ich ein Streitgespräch mit der renitenten Alten anfangen soll. Ich entscheide, meinen Mund zu halten, auch wenn es mir schwerfällt.

Es geht mir nach, dass ich keine Ahnung haben soll. Ich mache seit über zwanzig Jahren Buchhaltung und dann soll ich keine Ahnung haben? Ich schnaufe, während ich den Gang hochschalte. Ich verteidige mich, führe darüber ein Selbstgespräch den ganzen lieben langen Heimweg. Ich kriege es nicht abgestellt, obwohl ich das Kaliber der Frau kenne: Ihre Zunge ist schneller als ihr Denken.

Ich höre mir selbst zu. Meine Sätze beginnen alle mit Ich oder mit Aber. Ich halte inne. Warum rechtfertige ich mich überhaupt? Welchen Knopf hat die Frau bei mir gedrückt? Ich bin angreifbar. Nicht zwangsweise was meine Kompetenz betrifft, sondern weil sie mein Engagement nicht würdigt. Ich komme mir in ihrer Gegenwart als nicht wahrgenommene, dumme Pute vor. Da liegt mein wunder Punkt. Ich lechze nach dem Orden, nach der Anerkennung, nach dem Schulterklopfen: Gut hast du es gemacht. Aber diese Frau hat nichts Derartiges zu verschenken. Sie behält es für sich.

Die Natur

Ich marschiere durch den Wald. Stapfe über Laub, höre das Knistern der Bäume und das Rascheln im Unterholz. Der nahe Wald ist für mich ein bevorzugter Raum geworden. Es ist mein Zufluchtsort, wenn ich niedergeschlagen bin. Hier werden meine Gedanken freier. Ich gewinne Abstand und wieder Boden unter den Füßen. Mein Ziel ist eine Aussichtsbank. Im Wald geht es stetig bergauf und ich bleibe öfters stehen, um durchzuatmen. Am Aussichtsplatz angekommen, schaue ich ins Tal. Ich sitze auf der Bank und trinke Wasser gegen den Durst. Auch wenn ich mit mir selbst im Gespräch bin, werden die Gedanken leiser. Ich gewinne Zuversicht und Halt.

Meist treffe ich bei meinen Waldspaziergängen keinen Menschen. Für den Weg hin und zurück brauche ich eineinhalb Stunden, wenn ich stramm gehe und den kürzesten Weg nehme. Doch ich bleibe auch stehen, nicht nur um durchzuatmen, sondern um der Natur, dem Blätterrauschen, dem Vogelgezwitscher zu lauschen. Um die mächtigen Bäume zu bewundern und der Maus zuzusehen, wie sie vor mir am Boden vorbeihuscht.

Ich habe es früher schon bemerkt, wenn ich in der Gartenarbeit versunken war. Die Natur bringt mich in Balance. Ich tanke auf, bekomme neue Lebensenergie. Das ist ein Geschenk. Für jeden – ausnahmslos.

Die neue Katze

Unsere Katze ist gestorben. Sie wurde achtzehn Jahre alt. Mein Mann und ich können über den Scherz, dass sie demnächst die Führerscheinprüfung machen wollte, lachen. Dennoch erfüllt uns ihr Tod mit Traurigkeit. Achtzehn Jahre ist ein stolzes Alter für eine Katze. Wir haben zu spät bemerkt, wie schlecht es ihr ging. Als sie nachts auf den kalten Fliesen lag und uns morgens mit einem kläglichen Miauen ansah, wussten wir, dass wir eine Entscheidung treffen müssen. Dennoch warteten wir ab, vielleicht würde sie wieder aufstehen, wenigstens um zu fressen. Doch sie blieb liegen. Es war so weit, unsere Katze würde sterben. Bitte, lasst die Katze nicht leiden, lasst sie sterben, schickte ich ein Stoßgebet zum Himmel. Zehn Minuten später war sie tot.

Vorerst lehnen wir die Entscheidung für ein neues Haustier ab. Es ist schön, sich mal nicht um ein Tier kümmern zu müssen. Miau, lass mich rein. Miau, lass mich raus. Miau, das schmeckt mir nicht.

Nach einem halben Jahr sehne ich mich wieder nach einer Katze. Ich schaue regelmäßig auf die Internetseiten des Tierheims, ob eine Katze für mich dabei ist. Wir wünschen uns eine hubsche, liebe, unproblematische und verschmuste Katze. Aber die Auswahl ist meist mau. Entweder sind die Tiere schon reserviert, gehandicapt oder sie sind scheu und suchen einen Scheunenplatz. Es treffen neue Tiere aus einer Beschlagnahmung im Tierheim ein. Sie sind allesamt hübsch und scheinen wenig zutraulich zu sein. Geduld bräuchten die

Katzen, steht im Internet. Ich möchte dennoch die Katzen in Augenschein nehmen und vereinbare einen Termin. Eine Katze gefällt mir besonders gut. Sie sitzt im Gebälk ihres Geheges. Magst du mitkommen, frage ich sie und sie sieht mich mit einem klaren, freundlichen Ausdruck an.

Ist das die richtige Katze für uns? Ich weiß es nicht. Noch weniger weiß ich, was die Katze erlebt hat und ob sie zu einem verschmusten Tier werden kann. Auch der Tierpfleger kann mir keine Antwort darauf geben. Spontan fällt mir der Muskeltest ein. Er ist ähnlicher Art wie der damals bei dem Heilpraktiker. Es gibt verschiedene Varianten davon. Für mich ist der Test im Stehen am prägnantesten. Ich stelle mich mit festem Stand aufrecht hin und schließe die Augen. Wortlos sage ich mir vor: Nach vorne bedeutet Ja und nach hinten Nein. Dann lege ich meine Hand auf die Brust. „Ist diese Katze die richtige für mich?", frage ich. Mein Körper tendiert nach hinten. Die Antwort lautet also Nein. Ich nehme die Katze trotzdem mit. Dich krieg ich schon, denke ich.

Zu Hause versteckt sich die Katze erstmals unterm Sofa und zieht sich danach für die nächsten Tage auf den Schrank zurück. Nur wenn es still ist im Haus, traut sie sich die neue Umgebung zu erkunden und zu fressen. Sie miaut nicht. Nur langsam taut sie auf und legt sich gelegentlich zu unseren Füßen, wenn wir es uns auf dem Sofa bequem machen. Das Katzencracker-Wurfspiel liebt sie jedoch und fordert uns dazu auf. Sie flitzt den Crackern hinterher und rutscht dabei am Boden entlang. Wir freuen uns zu sehen, wie das ängstliche Tier Spaß hat. Langsam, aber sicher wird sie zum lebenden Wohnzimmerinventar. Doch sie bleibt stumm. Sobald wir sie berühren möchten, fährt sie ihre Krallen heraus oder sucht das Weite. Wir haben eine Katze, die zwar hübsch ist, die wir aber nicht anfassen dürfen. Erst nach einem halben Jahr gibt sie einen Laut von sich. Es ist ihr erstes Miauen.

Nix ist mit Schmusen, sagt mein Mann und verschränkt seine Arme. Ja, in Anbetracht dessen habe ich wohl die falsche Katze geholt und ich hätte auf mein Körpersignal hören sollen.

Vollständigkeitshalber möchte ich erwähnen, dass sich die Katze später doch streicheln lässt, sogar dabei schnurrt und es zu genießen scheint. Aber es dauert fast ein Jahr und die Streicheleinheiten sind hauptsächlich um den Radius der Futterschüssel herum beschränkt.

High Performance

Das Angebot ist groß. Eine Vielzahl von Ratgebern überschwemmt den Markt. Auch das Internet ist voll davon. Online-Seminare und Workshops wecken mein Interesse. Die meisten davon zielen darauf ab, wie ich mein Leben besser gestalten kann. Mein Interesse ist aktuell auf einen Referenten gerichtet. Ich finde es toll, wie er seine Teilnehmer in den Bann zieht. Er ist überzeugend, nicht nur durch seinen Charme und Witz. Es ist die klare Sprache, die er verwendet. Er versteht sein Handwerk und repräsentiert gleichzeitig seinen eigenen Erfolg. Was ich kann, kannst du auch.

Ich erkunde eines seiner Angebote. High Performance, so erreiche ich meine Ziele. Das ist zwar nicht der Name des Seminares, aber spiegelt das Motto wider. Es gibt einen Online-Schnupperworkshop, der sogar kostenlos ist. Ich klinke mich ein. Nach etwa einer Stunde bemerke ich meinen Widerwillen. Ich stoppe bei der Löffelliste – der Liste von dem, was ich erreichen und machen will, bevor ich meinen Löffel abgebe. Natürlich habe ich Wünsche und Ideen, was ich erleben will. Aber sie auf eine Liste zu schreiben und dann wie eine To-do-Liste abzuhaken, stößt mir auf. Ich will mich nicht in eine Gruppe von Menschen einreihen, die sich gegenseitig beklatschen. Die ein Selbst-Entertainment betreiben und ihre Ziele zu einem Businessplan machen. Wenn ich eine solche Löffelliste schreibe, möchte ich sie mit Dingen füllen, in denen mein Herzblut steckt. Ist es eine Reise? Vielleicht Hawaii? Oder steht eine solche Reise nur Pate für meinen Wunsch nach

Freiheit? Ich denke nach. Solange ich Gefangener meiner selbst bin, wird auch eine Reise mir das Stück Freiheit nicht geben.

Ich schalte den Computer aus. Dennoch nehme ich einen Ratschlag mit: Höre nicht auf die Ratschläge der Menschen, die ein anderes Ziel haben.

Sorgen sind Energieverschwendung

Wir haben mittlerweile auch eine Eigentumswohnung. Vorsorge für das Alter. Sie ist vermietet. Mieter zu finden, die unser persönliches Eigentum schätzen, gerne dort wohnen und nach Möglichkeit unkompliziert sind, bedarf eines guten Gespürs. Ein Mieterwechsel steht an und ich hatte mich bereits für einen neuen Mieter entschieden. Die Wahl war nicht einfach gewesen, weil ich zwischen zwei Kandidaten lange geschwankt hatte. Jetzt ist der Mietvertrag unterschrieben und in einigen Tagen findet die Wohnungsübergabe statt. Doch irgendwie beschleicht mich das Gefühl, dass die Übergabe platzen wird. Der Tag rückt näher und ich rufe mich zur Besonnenheit, mir keine Sorgen über etwas zu machen, was vermutlich nicht eintrifft.

Ich sitze an meinem Schreibtisch und bin in meine Arbeit vertieft, als eine E-Mail eintrifft. Mit knappen Worten, bezugnehmend auf gesundheitliche Gründe, sagt der neue Mieter ab. Mein Puls steigt an. Zwei Tage vor der Übergabe! Was soll ich jetzt tun? Auf mein Recht pochen und die Monatsmieten einfordern? Den Telefonhörer zur Hand nehmen und ihn anrufen? Einen Anwalt kontaktieren? Andere fragen, was ich tun soll? Ich glaube nicht wirklich an seine Version der gesundheitlichen Gründe.

Ich entscheide mich, Ruhe und Gelassenheit zu bewahren. Das einzige, was Fakt ist, ist, dass ich einen neuen Mieter brauche. Kurzerhand aktiviere ich die Internetannonce wieder. Glück gehabt, denn mit wenigen Mausklicks ist das

Mietangebot wieder online. Binnen kurzer Zeit kommen auch schon die ersten Anfragen.

Während ich mich wieder meiner Arbeit widme, ist mir klar, dass ich persönlich mit dem abgesprungenen Mieter reden sollte. Einfach hören, wie er sich das vorstellt. Ich versuche ihn telefonisch zu erreichen, doch leider erfolglos.

Ich schnaufe tief. Jetzt beginnt wieder das ganze Prozedere von vorne: Interessenten anrufen, Besichtigungstermin vereinbaren, sondieren und auswählen. Mein Gott, warum muss das bloß passieren? Ich habe doch wahrlich etwas Besseres zu tun. Alles war doch hervorragend gelaufen und jetzt das! Willkommen in der Illusion, dass das Leben es gut mit mir meint! Hätte ich mich bloß für den anderen Mieter entschieden! Ich weiß, dass er zwischenzeitlich eine andere Wohnung gefunden hat. Trotzdem folge ich dem Impuls ihn anzurufen. Falls er über meine Annonce stolpert, müsse er doch glauben, dass ich ihn verarscht habe. Er ist mir sympathisch, und ein paar Worte mit ihm zu wechseln, ist wirklich nicht verkehrt. Vielleicht, vielleicht ist er doch noch auf der Suche. Ich telefoniere mit ihm. Schade meint er, meine Wohnung hätte er bevorzugt. Nett, dass ich ihm diese nochmals anbiete, aber leider zu spät.

Missmutig packe ich Harke und einige Gartengeräte in das Auto, denn jetzt kann ich mich auch noch um den Garten kümmern, der schon länger keinen guten Zuspruch bekommen hat. Zusammen mit dem Mieter musste ich auch seine Absicht, das wenig betreute Grundstück so zu übernehmen, wie es ist, begraben.

Das Leben will immer nur dein Bestes. Wie ein Hohn klingt dieser Spruch aus Ratgebern irgendwelcher Weisheitslehrer. Dennoch entscheide ich, cool zu bleiben und zu handeln. Die ersten Anfragen von neuen Mietinteressenten sind da und ich vereinbare erneut Besichtigungstermine. Meinem abgesprungenen Mieter schicke ich eine freundliche Textnachricht, indem ich ihm mitteile, dass ich am nächsten Tag in der Wohnung bin und gerne Face to Face kurz und schmerzlos zu unserer beiderseitigen Zufriedenheit die Sache aus der Welt bringen will. Dahinter setze ich ein lachendes Smiley. Ich habe nicht vor, ihm den Kopf abzureißen oder stur auf mein Recht zu pochen. Mir liegt eine zivilisierte Lösung zwischen zwei erwachsenen vernünftigen Menschen näher. Mir Sorgen darüber zu machen, wie es ausgeht, unterdrücke ich.

Abends klingelt mein Telefon. Es ist nicht der abgesprungene Mieter, von dem ich noch immer nichts gehört habe, sondern eben der, dem ich damals abgesagt und jetzt wieder kontaktiert habe. Der Familienrat hat getagt und sie wollen meine Wohnung, sagt er. Da die neue angemietete Wohnung noch nicht bezogen sei, wollen sie auf alle Fälle ihr Glück versuchen, um vom aktuellen Mietvertrag zurück-zutreten. Ich versichere, dass ich ihm in diesem Fall eine Zusage für die Wohnung gebe. Und gerne möchte ich mich am nächsten Tag um achtzehn Uhr mit ihm in der Wohnung treffen, falls es mit dem Rücktritt klappt.

Am nächsten Tag meldet sich endlich mein abgesprungener Mieter. Wäre ich wirklich bereit, ohne rechtliche Konsequenzen eine einvernehmliche Lösung zu finden?

Natürlich bin ich das! Siebzehn Uhr in der Wohnung. Der Zeitpunkt ist günstig, denn dann habe ich schon die ersten Besichtigungen hinter mir.

Während ich nachmittags beginne, den Garten von Unkraut zu befreien, kommen die ersten Interessenten für die Wohnung und danach erscheint tatsächlich mein abgesprungener Mieter. Er sieht wirklich nicht gut aus. Herzinfarkt, sagt er. Ich bin ihm nicht gram. Es ist, wie es ist. Selbstverständlich wird er für den finanziellen Verlust aufkommen. Was ich mir denn vorgestellt habe, fragt er mich. Wir einigen uns und zerreißen beide unsere Mietverträge. Er ist sichtlich erleichtert und erzählt mir, dass er schon die ärgsten Befürchtungen gehabt habe. Vertrag sei ja schließlich Vertrag. Aber dass ich auch noch darüber lachen kann, damit habe er nicht gerechnet. Und er bittet mich um eins: Ich soll nie aufhören, so zu sein, wie ich bin.

Ich wünsche ihm für die kommende Reha alles Gute. Und ich bin mir sicher, dass man leichter gesunden kann, wenn einem keine Sorgen quälen.

Dann kommt mein neuer, alter Mietinteressent. Es wird klappen, aus dem Mietvertrag zurückzutreten, zwar mit einem gewissen finanziellen Verlust, der ist es ihm aber wert. Schließlich hat er jetzt auch einen Garten und ich soll doch endlich die Harke zur Seite legen. Er freue sich, den Garten selbst wieder auf Vordermann zu bringen.

Ich möchte es so ausdrücken: Zu guter Letzt hat es nur Gewinner gegeben. Finanziell hat jeder von uns ein wenig draufgelegt. Unterm Strich haben wir alle aber mehr gewonnen.

Hätte ich mich von Anfang an für den anderen Mieter entschieden, hätte ich allerdings eine entscheidende Lektion, um die es schade gewesen wäre, versäumt: Man soll nicht gleich den Teufel an die Wand malen. Wenn sich der Wind dreht, kann dies auch von Vorteil sein, und Umstände können sich auch von selbst korrigieren.

Das Schweigen von trotzigen Lämmern

Kindheitserinnerung

Ich bin bei meiner Nachbarin. Ich bin etwa zehn, elf Jahre alt, sie ist ein paar Jahre älter als ich. Ich mag sie, denn sie ist modern und hört tolle Musik. Sie löffelt gerade ein Fruchtjoghurt. Heidelbeere. Ich kenne kein Fruchtjoghurt. So etwas steht bei uns daheim nicht im Kühlschrank. Meine Nachbarin lässt mich probieren. Es schmeckt mir. Es schmeckt mir sogar ausgezeichnet.

Milch und Milchprodukte in roher Form hält meine ältere Schwester für bäh! Vielleicht gibt es deshalb keine Joghurts bei uns zu Hause. Ich weiß es nicht. Aber ich möchte nicht fragen und noch weniger meine Mutter bitten, mir Fruchtjoghurts zu kaufen. Ich traue mich schlichtweg nicht. Ich habe Angst davor, dass man mir meine Sonderwünsche abspricht. Mir sogar eine Predigt hält.

Zum Glück habe ich ein wenig Taschengeld. Ich kaufe mir selbst welche, stibitze mir aus der Küche einen Löffel und vernasche die Joghurts heimlich in meinem Zimmer. Doch die Heimlichkeit fliegt bald auf, denn meine Mutter entdeckt die Becher.

„Schmeckt dir das?", fragt sie mich.

Ich nicke.

„Warum sagst du nichts? Ich kann dir doch welche kaufen."

Ich antworte nicht. Ich sage nie etwas, wenn es um mich oder um meine Befindlichkeiten geht.

Auch etwa acht Jahre später schweige ich. Diesmal sind es keine versteckten Joghurts mehr, es geht um meine Führerscheinprüfung. Ich schweige darüber, dass ich mich bei der Fahrschule angemeldet habe. Um die Bezahlung mache ich mir keine Sorgen. Das übernahm mein Vater bei meinen Schwestern, und ich bin mir sicher, dass er es auch bei mir machen wird. Aber ich will mich nicht von meinen Eltern zu etwas drängen lassen. Also gehe ich noch vor meinem achtzehnten Geburtstag die Treppen hoch, hinein in das Fahrschulgebäude. Ich melde mich an und besorge alle notwendigen Unterlagen. Erst am Vortag der ersten Unterrichtsstunde druckse ich daheim rum und sage schließlich, dass ich zur Fahrschule gehe.

Ich bestehe die Prüfung. Doch ich erzähle es niemandem. Auch zu Hause schweige ich darüber. Trotzig verkneife ich mir jegliche Gefühlsäußerung. Nur nichts sagen, wenn es persönlich wird. Erst als meine Mutter mich nervt, weil sie zum wiederholten Mal sagt, dass ich durchgefallen sei, antworte ich pampig: „Bin ich nicht!"

6.

Mittlerweile habe ich viele Kontakte, die ich gerne nütze, wenn ich wieder einmal feststecke oder Lust auf Neues habe. Ich kann mich aussprechen und bereichernde Gespräche führen. Sie helfen mir, Dinge zu überdenken und mein Weltbild neu zu ordnen. Ich höre mich um, treffe auf Menschen, verweile und gehe weiter. Ausprobieren geht über studieren, sage ich mir. So laufe ich über Feuer, besuche mystische Orte und Plätze oder schließe mich spontan Unternehmungen an. Oft ergibt ein Kontakt einen neuen. Dennoch habe ich ein waches Auge. Jeder Mensch hat seine Geschichte, sein Weltbild, seine Stärken und seine Schwächen. Seine Meister und seine Diener. Ich durfte erkennen, dass Menschen, zu denen ich früher aufsah, sogar neidisch auf sie war oder mich kopfschüttelnd fragte, warum das Leben es besonders gut mit ihnen meinte, auch nicht auf Wolken gebettet sind. Jeder kleine oder große Unhold bekommt seine Lektion. Jeder kriegt früher oder später sein Fett weg, man muss nur Geduld haben, pflege ich gerne augenzwinkernd zu sagen.

Ich mag den Austausch. Die Aha-Erlebnisse, die Empfehlungen. Ich mag den Spirit, der mein Weltbild bereichert, mein Leben in einen anderen Rahmen setzt oder an ihm rüttelt. Nichts ist so, wie es scheint, las ich einmal. Aber es ist spannend, füge ich hinzu.

Ich treffe auch auf Menschen, die Kurioses und Seltsames erzählen. Meine Neugierde lässt mich zuhören. Ich nehme es zur Kenntnis. Ich möchte mich nicht in Sachen verstricken, die ich nicht verifizieren kann. Wo möglicherweise einer vom anderen abschreibt oder anderen auf dem Leim geht. Scheiße muss nicht zwangsweise gut schmecken, nur weil tausend Fliegen darauf sitzen. Wenn ich die Möglichkeit habe, möchte ich mir selbst ein Bild machen. Vor Ort sein, die Menschen kennenlernen, die ihre Meinung mitteilen. Meine Ohren in alle Richtungen spitzen. Ich traue der Gattung Homo sapiens vieles zu. Im Negativen, wie im Guten.

„Weißt du, du gehörst zu den Menschen, die entdecken. Die durch eine Wiese gehen und die Blumen sehen. Die und die und die. Die ihre Aufmerksamkeit auf das richten, was zum Vorschein kommt."

Bin ich das, frage ich mich. Bin ich nicht, wie viele andere Menschen auch, auf der Suche?

„Du liebst es zu entdecken, dich von der Vielfalt überraschen zu lassen."

In mir wird es still. So habe ich mich selbst noch nie gesehen. Ja, ich liebe die Wow-Erfahrungen, die vielen kleinen Quintessenzen und die Wunder, die es gibt. Ich beginne zu lächeln. Ich bin nicht auf der Suche. Ich bin am Entdecken.

.

Zum dritten Mal, innerhalb von sieben Jahren, habe ich meine Tabletten abgesetzt. Ich will sie nicht. Es muss auch ohne sie gehen. Dennoch habe ich sie in Griffnähe. Sie reisen mit mir, wenn ich unterwegs bin. Sicherheitshalber.

Die Welt wird immer blöder, denke ich, und es fällt mir zunehmend schwerer, mit Spaß an der Sache den Anforderungen der Zeit Folge zu leisten. Was ist das teilweise für ein ausgekochter Blödsinn? Regelungen, Aufzeichnungspflichten, Bürokratiewust, Deklarationen, Dokumentationen, Diktate von Konzernen. In gewisser Weise kann ich durchaus einen Sinn erkennen, dennoch schüttle ich den Kopf. Bestimmte Formulierungen müssen auf Dokumenten stehen, Nachweise erbracht werden und Zertifizierungen machen die Runde. Die Liste ist schier unendlich lang. Ich habe das Gefühl, dass vor lauter Reglementierungen nicht nur mir die Lust vergeht, sondern das Arbeiten allgemein erschwert wird. Tempo und Druck stehen an der Tagesordnung. Alles braucht sein Nümmerchen, und wenn es geht, auch einen Stempel.

„Reg dich nicht darüber auf", sagt mein Mann. „Wir verdienen unser Geld damit."

Er hat recht, über Sinn und Unsinn zu diskutieren oder sich aufzuregen, ist verschwendete Energie. Wenn es Brei regnet, sollte man den Löffel aus dem Fenster halten. Aber ich mag keinen dickflüssigen Brei. Es geht mir zäh von der Hand, wenn es darum geht, Strukturen zu bedienen. Meine Kreativität möchte Sinnvolles machen. Wenn mein Interesse für eine erfolgsversprechende Aufgabe geweckt ist, kann ich darin aufgehen, in der Arbeit versinken und richtig dabei Freude empfinden.

Dass ich meiner Arbeit wieder nachgehen kann, verdanke ich durchaus den Tabletten. Ich bin froh, dass ich sie genommen habe. Sie haben mich aus dem Gröbsten rausgeholt, mich stabilisiert und mir geholfen, zurückzukehren. Medikamente decken zu, sagte damals der Heilpraktiker zu mir. Das mag stimmen, denke ich. Aber ich habe dennoch an mir gearbeitet, Sichtweisen geändert und Altes und Unnützes bearbeitet. Ich bin nicht mehr so oft und so schnell auf der Palme. Ja, es jucken mich regelrecht gewisse Dinge nicht mehr. Nein, sie sind mir nicht egal. Aber sie machen nichts mehr mit mir. Und das ist angenehm. Ich ärgere mich nicht mehr über die unfreundliche Bedienung, über die vergessene Mülltonne, die nicht rechtzeitig an der Straße stand. Ich kann über meine Schusseligkeit und Marotten lachen. Und gewisse Bemerkungen gehen mir sprichwörtlich am Arsch vorbei.

Ich habe eine Adresse von einer Therapeutin bekommen. Sie soll gut sein. Was sie genau macht, weiß ich nicht, denn ich habe mich noch nie mit Osteopathie beschäftigt. Vieles steckt im Körper, sagte man mir. Das finde ich gar nicht so abwegig, weil ich schon die eine oder andere Erfahrung gemacht habe. Schon nach der ersten Yoga-Übung beginne ich zu gähnen, was meist erst aufhört, wenn die Stunde vorbei ist. Ich kenne verschiedene energetische Körperarbeiten, bei denen ich typische Reaktionen spürte: das Gefühl, auszudampfen, das Glucksen im Bauch oder das Hochkommen von Emotionen.

Mir ist es egal, ob es einen fundierten Zusammenhang gibt. Ich sehe mich ganzheitlich und möchte mich nicht auf ein Krankheitsbild reduzieren lassen. Und ich will nicht lebenslang auf Medikamente angewiesen sein.

Beim Gespräch mit der Osteopathin beginne ich zu heulen. Ich bemitleide mich selbst und die Gedanken drehen sich im Kreis. Ich fühle mich wie ein Esel, dem man eine Möhre vor die Nase gehängt hat.

Als ich die Praxis verlasse, bekomme ich einen Buchtipp mit auf den Weg. In dem Buch wird empfohlen, dass ich als neutraler Beobachter meinen Gedanken lauschen solle. Meist wüssten wir gar nicht, was wir denken. Eben weil wir ständig denken und uns mit allem Möglichen beschäftigen. Es werde Zeit, dass ich wieder die Führung übernehme.

Ich beginne hinzuhören. In meinem Oberstübchen sitzen Kritiker, Antreiber, Melancholiker und Zeitgenossen, die mich zum Opfer erklären. Ich beobachte meine Gedanken. Szenarien machen die Runde. Dass ich nicht gut genug bin. Was alles nicht klappen wird. Was alles zu erledigen ist. Dass ich mich ständig rechtfertigen muss.

Wer redet da eigentlich? Wer erzählt mir diese Geschichten, frage ich mich. Da mimt eine Stimme meine Eltern. Einer anderen kann ich nichts recht machen. Sie nörgelt ständig. Dann gibt es noch einen Antreiber, der mich mitsamt meinem Schweinehund herumscheucht.

Himmel, denke ich. Wenn diese ganze Truppe bei mir in der Wohnung rumsitzen würde, ich glaube, ich hätte sie rausgeschmissen! Die Plapperer führen tatsächlich Regie in meinen Leben!

Es wird Zeit, dass ich Schluss sage. Ich mag die Leier nicht mehr hören. Ja, aber, scheinen sie zu sagen. Wir sind doch dein Produkt, protestieren sie. Ihr könnt quatschen, was ihr wollt. Ich höre mir eure Nörgeleien nicht mehr an, sage ich.

Seit zwei Jahren bin ich nun tablettenfrei. Braucht es erst eine Krankheit, die mich legitimiert, eine Auszeit zu nehmen? Offensichtlich schon, denn mein Pflichtbewusstsein, mein Ehrgeiz und die Angst, das Ruder loszulassen, zwingen mich täglich ins Büro.

Meine Hände zittern, wenn wieder einmal etwas nicht so gelaufen ist, wie es hätte laufen sollen. Ich wünsche mir Zeit, Zeit und wiederum Zeit. Zeit, in der ich einfach einmal nichts tue. Ich schiebe diesen Wunsch vor mir her und glaube, erst mal dies und das erledigen zu müssen. Ich bin immer wieder aufgestanden und habe meine Ärmel hochgekrempelt. Wie oft will ich dieses Spiel noch machen? Will ich meine neue Lebensqualität aufs Spiel setzen? Kann ich mich nicht an ihr erfreuen und sie noch weiter ausbauen? Oder will ich lebenslang Tabletten nehmen, um weiterhin die Powerfrau sein zu können?

Ich folge einem Rat und nehme mir eine dreiwöchige Auszeit. Ich miete mir eine Ferienwohnung, die fern ab vom Schuss ist. Ich möchte alleine sein. Schlafen und spazieren gehen und mein Fahrrad für kleine Ausflüge nutzen. Mehr nicht. Mit mir sein, ohne Fernseher und mit stumm geschaltetem Handy.

Ich schlafe viel. Noch nie habe ich in meinem Leben so viel geschlafen. Ich wache auf, esse einige Kekse und trinke Tee. Dann lege ich mich wieder ins Bett. Denke noch, dass ich gar nicht müde bin, und schließe dennoch meine Augen. Einige Stunden später wache ich traumlos wieder auf. Fast fünf Tage verbringe ich mit Schlafen. Es ist mir ein Rätsel, wie ich nur so viel schlafen konnte. Nach den Tagen des Schlafens gehe ich spazieren. Ich laufe durch Wald und Flur. Mache Ausflüge, entdecke einen Badesee, Schwimmbäder mit Sauna und eine Eisdiele. Nur mit wenigen Menschen komme ich ins Gespräch und das Weltgeschehen erreicht mich nur am Rande. Eigentlich gar nicht, nur wenn ich im Dorfladen einen Blick auf die Zeitungsschlagzeilen erhasche. Auf meinen kleinen Wanderungen kommt die Gedankenmühle wieder in Gang. Sie bombardiert mich mit der Frage: Was willst du?

Es fällt mir schwer, den Druck aus der Frage zu nehmen. Und genau dieser Druck macht mir zu schaffen. Er begleitet mich, seitdem ich denken kann. Er ist gepaart mit dem Anspruch, allem gerecht zu werden. Termingemäß, sauber und ordentlich. Ich erkenne, dass das Duo Druck und Anspruch mir meine Kraftreserven kostet. Ich brauche eine Lösung. Aber wie sieht sie aus?

Ich will in Zukunft langsamer machen. Das ist klar. Oder kann ich etwas Neues wagen? Schreiben, taucht in meinen Gedanken auf. Es ist der Gedanke aus meinen Kindertagen, der irgendwie immer präsent war und doch nie von mir ernst genommen wurde. Aber was soll ich schreiben? Ich habe mich mit vielem beschäftigt. Ich habe beobachtet und ausprobiert. Aber wer will schon meine Ratschläge hören? Außerdem traue ich es mir nicht zu. Zu sagen, was ich denke. Man wird mich in der Luft zerreißen, ohne Diplom und fundierte Faktenanalyse.

Eine Geschichte erzählen, einen Roman, denke ich. Mit ein wenig Input von mir, etwas mit Essenz und doch in eine Geschichte gepackt. Lebenssituationen beschreiben. Die Gedanken meiner Protagonisten zu Papier bringen? Könnte ich das? Ausprobieren. Ich hole das Tablet aus der Reisetasche und beginne, auf der kleinen Tastatur zu tippen.

In meinem selbst gewählten Exil halte ich mich selbst aus. Aber nach drei Wochen ist es dann genug. Ich freue mich auf den Tag, an dem ich in den Zug steige und mein Mann mich vom Bahnhof abholt.

Unser Wiedersehen ist herzlich. Dennoch liegt ein Schatten darüber. Ich ringe danach, ihm zu sagen, dass ich ihm nicht mehr im vollen Umgang beruflich zur Seite stehen werde. Dass ich weniger arbeiten wolle. Mir entweder zwei Nachmittage oder einen ganzen Tag in der Woche freischaufeln wolle. Mein Mann nickt und ich erahne, welche Gedanken ihn die letzten drei Wochen beschäftigt haben. Steht unsere Beziehung vor einem Aus? Offensichtlich hat sich bereits unsere Katze mit einem Leben ohne mich arrangiert. Sie straft mich mit Ignoranz.

Ich muss loslassen. Arbeiten übertragen. Vertrauen aufbauen, dass es auch anders geht, und mich in Toleranz üben, wenn es nicht so läuft, wie ich es mir vorstelle. Weg mit der Vorstellung, die Welt geht unter, wenn Fehler passieren.

Es ist mein Geheimnis, das mit dem Schreiben. Ich erzähle meinem Mann nichts davon und schreibe nur, wenn ich alleine bin. Es ist eine Mischung aus „Ich werde es euch zeigen" und „Ich lasse es mir nicht kaputtmachen."

Ich bin fleißig und schreibe darauf los. Auch wenn ich nicht weiß, ob Schreibstil und Schreibweise angebracht sind. Schreib einfach, instruiere ich mich. Learning by Doing. Außerdem, so schwer kann Romanschreiben doch nicht sein, denke ich. Jetzt habe ich ein Ziel und ich kann Gedanken von mir darin verarbeiten. Es ist die Geschichte einer zerrütteten Familie. Nein, eigentlich sind es zwei Geschichten, die sich abwechselnd die Hand geben. Die zweite spielt sich hundert Jahre vorher ab und bildet einen Faden, eine Inkarnationsvorgeschichte zu der aktuellen Story. Karges Leben, Wut und Ungerechtigkeit treffen auf Perspektivlosigkeit, Wunschdenken und Depression.

Ist das gut, was ich geschrieben habe? Ich weiß es nicht. Ich kaufe mir ein Rechtsschreibbuch und installiere ein professionelles Rechtschreibkorrekturprogramm. Dennoch gebe ich meine Geschichte, die ich „Marienkäfer" nenne, niemandem zu lesen und schweige darüber.

Ich lese in einem Ratgeber einer Erfolgsautorin. „Bemale deinen Ochsen", lautet unter anderem eine Weisheit darin. Ich beschäftige mich vermehrt mit Themen rund um Erfolg, Inspiration und das Schreiben. Nicht zuletzt, weil ich auf die Information gestoßen bin, dass das Gehirn Zeit brauche, um sich einzuspuren. Man müsse sich jeden Tag mit seiner Thematik beschäftigen. Und das mindestens drei Wochen an einem Stück. Das ist hilfreich, wenn man ein Ziel erreichen möchte und setzt die Erfolgsprogrammierung im Gehirn in Gang. Dass die innere Haltung fürs Vorankommen hilfreich ist, weise ich nicht von der Hand. Im Gegenteil. Kleine Rituale, wie eine Tasse Tee, helfen, um mich einzustimmen. Fungieren als Türöffner. Und ich belächle die Menschen nicht, die sich umziehen und hübsch kleiden, wenn sie ihrer Muse begegnen möchten.

Auch ich nutze die Kraft der Vorstellung. In meinen Gedanken kontaktiere ich meine innere Schriftstellerin. Sag, hast du eine Idee? Ob sie es ist, die mitunter antwortet, weiß ich nicht. Manches Mal poppen Sätze und Szenen schneller auf, als ich schreiben kann. Die Kunst ist es, sie einzufangen und aus ihnen kein Kauderwelsch zu machen.

Ich melde mich für ein Wochenendseminar an, das mir Hintergrundinformationen zur Buchvermarktung gibt. Ich interessiere mich dafür, sage ich zu meinen Mann. Wenn, es dich interessiert, sagt er. Dann fahr da hin.

Ich bin dankbar, dass mein Mann mein Mann ist. Er verlangt von mir keine Rechtfertigung, noch rechnet er mir die Euros vor. Er weiß meinen umsichtigen Umgang mit Geld zu schätzen und vertraut mir. Voll und ganz.

Auf dem Seminar erfahre ich viel. Vermarktung, Exposé, Buchpreisbindung, Tantiemen. Aber wir sprechen auch über unsere Projekte, stellen sie vor. Es werden keine Schreibtipps verteilt und niemand liest aus seinen eigenen Skripten vor. Das ist mir auch recht, denn ich hätte nicht den Mut dazu.

Eine Teilnehmerin spricht mich an. Ich habe bisher noch keine große Notiz von ihr genommen. Sie ist klein und grau angezogen.

„Verzeih", beginnt sie. „Aber ich will dir was sagen. Mein Gefühl sagt mir, dass du noch uneins mit deinen Texten bist. Du stehst nicht richtig dazu. Da ist etwas in Disharmonie."

Ich blicke sie an. Ah, sie war wohl auch auf so einen Workshop wie ich. Intuition und Feinfühligkeit. Jetzt geht sie damit hausieren, denke ich.

„Ich bin ja auch noch mittendrin und noch lange nicht fertig", antworte ich. Ich lächle, sage Danke und die Frau geht wieder an ihren Platz.

Endlich ist mein Buch fertig. In der Fachsprache spricht man von Manuskript. Das Wort Werk zu verwenden, ist ein No-Go, habe ich erfahren. Ich schicke, wie ich es auf dem Seminar gelernt habe, einen Auszug mit den dazugehörigen Informationen an einige Verlage. So, jetzt ist mein innerer Druck heraus und jetzt heißt es warten. Vertrauen, nicht zweifeln, sage ich mir. Zweifel ist der Mühlstein, der alles unter sich zermalmt, sagte einst jemand zu mir.

Ich drucke mein Manuskript aus. Ich wickle die Seiten in Geschenkpapier und lege sie ins Regal. Wer weiß, denke ich, vielleicht darf ich mich auf eine Überraschung freuen.

Es ist Sommer und mein Mann und ich fahren ein paar Tage in Urlaub. Er packt einige CDs mit Schlagern ins Auto. Für die gute Stimmung, sagt er. Früher wäre es mir nicht in den Sinn gekommen, bei Roland Kaisers Liedern mit zu trällern. Aber ich sehe mittlerweile vieles anders. Schnulzen hin oder her. Sie machen gute Laune und das zählt. Lisa-Marie, singt Roland Kaiser.

Der Name bleibt mir im Gedächtnis haften, und als ich im Urlaub einer Erzählung lausche, beginne ich an einer Geschichte zu spinnen. Meine Protagonistin hat bereits einen Namen: Lisa-Marie.

Vom Urlaub zurück, schnappe ich mir den Laptop und beginne an der Geschichte zu schreiben. Meine Gedanken formen Episoden. Sie entwickeln ihre eigene Dynamik und verändern die ursprüngliche Idee. Doch diesmal ist es anders. Ich schreibe nicht mit Fleiß, sondern mit Herz. Auch wenn mich mein anspruchsvoller Verstand rügt: Ich schreibe eine Liebesgeschichte. Junges blühendes Leben trifft auf gestandenen verheirateten und reichen Mann. Es macht mir Spaß, an der Geschichte zu tüfteln. Doch nach etwa sechzig Seiten halte ich inne. Ich drucke den Text zweimal aus und wickle ihn ebenfalls jeweils in Geschenkpapier. Ich stecke je ein Päckchen in einen Umschlag und lege einen roten Stift dazu. Auf das erste Kuvert schreibe ich den Namen meines Mannes und auf das zweite die Adresse einer Frau, die mir mittlerweile zur Freundin geworden ist. Ich habe sie vor einiger Zeit bei einem Workshop kennengelernt.

Da muss ich jetzt durch, sage ich mir. Ich kann das Schreiben nicht ständig verstecken. Hopp oder dropp. Was werden die beiden sagen?

Als ich meinen Mann den Umschlag in einer ruhigen Minute überreiche, blickt er mich fragend an. Er öffnet das Kuvert und zieht das Manuskript heraus. Verwundert blickt er mich an. Ich fühle mich, als hätte ich gesagt, dass ich George Clooney heiraten wolle. Er macht es sich bequem und beginnt zu lesen. Nur ab und zu werfe ich ihm einen Blick zu. Lächelt er? Ich meine einen solchen Anflug in seinem Gesicht zu sehen. Ich bin nervös und möchte mich am liebsten verkriechen.

Er liest und liest und liest. Dann nimmt er seine Brille ab und legt das Manuskript zur Seite. „Du bist eine Autorin", sagt er. „Ich wusste nicht, dass du so schreiben kannst. Es ist spannend und schön geschrieben."

Eine Erleichterung macht sich in mir breit. Er findet es gut. Aber mein Mann ist kein passionierter Bücher- geschweige denn ein Liebesgeschichtenleser, resümiere ich kritisch.

Einige Tage später finde ich den zweiten Umschlag in der Post. Meine Hände zittern, als ich ihn öffne. Wie hat meine Freundin reagiert? Ich finde ein korrigiertes Manuskript. Mit rotem Stift wurden Komma- und Rechtschreibfehler angestrichen und es befinden sich etliche Wellenlinien unter den Sätzen. Keine Seite, wo kein Rot zu finden ist. Ich sehe mir ihre Anmerkungen an. Ja, sie hat recht. Viele der Formulierungen sind unklar, sogar schräg oder überzeichnet. Sie wäre eine gute Lektorin, denke ich, als ich den Text überarbeite. Ihre Latte an Anspruch und Professionalität liegt hoch. Sie ist zudem eine gebildete Frau. Was hatte ich erwartet, wenn ich gerade ihr das zu lesen gebe?

Nach zwei Tagen fasse ich mir ein Herz und rufe sie an. Ich bedanke mich für ihre Bemühung und gleichzeitig bitte ich sie um Entschuldigung, sie behelligt zu haben. Lektüren dieser Art treffen nicht ihren Geschmack, gibt sie mir zu verstehen. Sie lese anderes, keine Liebesschnulzen. Nach ein paar Seiten der Korrektur habe sie erkannt, dass mein Schreibstil ein anderer sei. Mehr der eines Geredes. Vielleicht gebe es in unserer Stadt auch so etwas wie eine Schreibwerkstatt, fragt sie. Möglich, denke ich und schiebe ihre Anregung sofort zur Seite. Nein, ich will mich mit meiner Schreibambition nicht outen. Ich schaffe das schon alleine und irgendwann werde ich den Beweis liefern. Dann, wenn fremde andere mein Talent für gut befinden.

Was ich für unrealistisch gehalten habe, ist jetzt, zwei Jahre später, doch möglich. Es ist ruhiger in meinem Leben. Es gibt weniger Situationen, die mich in Schnappatmung verfallen lassen oder mich aufwühlen. Trägt meine Arbeit an mir Früchte? Zieht mein Selbst, meine höhere Instanz nun weniger Situationen in mein Leben, die mir meine Schwachstellen spiegeln? Die mir etwas zu erkennen oder zu lernen geben? Ist es tatsächlich so, dass, wenn ich meine Lebenshausgaben mache, vieles einfacher und leichter geht? Orchestrieren Gedanken und Emotionen das Leben? Gibt es das große allumfassende Feld, wo alles mit allem verwoben ist? Welches auch mit meiner zunehmend größer werdenden inneren Ruhe gespeist wird? Ein Feld, wo alles enthalten ist. Auch die Tier- und Pflanzenwelt, die sich an veränderte Umweltbedingungen anpassen kann. Sozusagen nach Ausgleich strebt und dabei trotz allem eine einzigartige Schönheit hervorbringt.

Nicht alles ist in Butter oder ist so, wie ich es mir wünsche. Noch sind Wunder geschehen. Dennoch kann ich eine positive Bilanz ziehen. Ich habe mehr Zeit, eine verbesserte finanzielle Situation und mehr Lebensfreude. Du erschaffst dein Leben selbst, sagen die Esoteriker. Möglich, denke ich und weiß, dass ich das niemanden erklären kann. Die Menschen werden immer rationale Erklärungen suchen, und wenn das nicht gelingt, nennen sie es Zufall.

Ich schreibe gerne an meiner Geschichte, Sie geht mir gut von der Hand. An dem Tag, an dem ich „fertig" sage, habe ich zum ersten Roman, dem „Marienkäfer", noch immer kein Feedback. In der Buchbranche gilt, wenn ein Autor längere Zeit nichts von einer Agentur oder einem Verlag hört, kommt es einer Absage gleich. Es wundert mich auch nicht. Auch ohne Schreib-werkstatt habe ich einige meiner Fehler erkannt. Ich hatte frei Schnauze geschrieben und mir wenig Gedanken über schriftstellerisches Handwerk gemacht. Aber jetzt, bei meinem neuen Roman, meiner „Lisa-Marie", ist alles viel, viel besser, denke ich und beginne, mich damit bei Literaturagenturen zu bewerben.

Jetzt, da ich wieder Zeit habe, könnte ich mein allererstes Manuskript, den „Marienkäfer" überarbeiten. Doch nichts ist mit Überarbeiten, denn meine Lisa-Marie lässt mich nicht los. Eigentlich sollte ich es jetzt gut sein lassen. Jeder vernünftige Mensch würde jetzt abwarten, ob Feedbacks kommen oder auch nicht. Aber ich bin nicht vernünftig. Ich bin noch nicht fertig mit meiner Lisa-Marie. Während ich Unkraut im Garten zupfe, treffen sich erneut meine Protagonisten in meinem

Kopf. Nach ein paar Tagen erkenne ich, dass ich weiterschreiben will. Aber diesmal nicht aus der Sicht von Lisa-Marie. Ich lasse alle Beteiligten aufeinandertreffen und zu Wort kommen. Fünf Ichs, drei Tage und eine Geschichte. Jeder erzählt seinen Part, der schlussendlich Teil des Ganzen ist. Da mir kein passender Titel einfällt, nenne ich die neue Geschichte „Drei Tage".

Dennoch nehme ich mir ab und zu mein vorheriges Manuskript „Lisa-Marie" zur Brust. Da liegt noch einiges im Argen und ich korrigiere und feile am Stil. Vermehrt schmeiße ich Passagen, die mir besserwisserisch vorkommen, aus dem Text. Ich hatte aus meiner Protagonistin eine Art Heilige gemacht. Jetzt bin ich froh, dass ich nicht alle Agenturen auf einmal abgeklappert, sondern sie vereinzelt und im zeitlichen Abstand angeschrieben habe.

Mein Manuskript „Marienkäfer" lasse ich ruhen. Es zu überarbeiten wäre vermutlich mehr Arbeit, als es neu zu schreiben. Irgendwie habe ich mich schon vom ihm verabschiedet. Es darf in der Schublade – in Geschenkpapier gewickelt – verstauben.

Mit der Veröffentlichung meiner Romane ist es doch nicht so einfach. Das wird mir klar. Von über tausend unverlangten Einsendungen pro Jahr sprechen die Literaturagenturen. Und davon schafft es nur ein Bruchteil, einen Verlagsvertrag zu bekommen. Die allerwenigsten Autoren können hauptberuflich von ihren Büchern leben. Da muss man schon einen Bestseller landen beziehungsweise mehrere in Folge. Es gibt die Alternative, ein Buch selbst zu veröffentlichen. Doch ich mag mich nicht bei den Selfpublishern einreihen. Mir sträuben sich die Nackenhaare, wenn ich in einige von diesen Werken reinschnuppere. Jeder kann ein Buch auf den Markt bringen. Jeder. Inklusive Rechtschreibfehler. Auf das Buch wird niemand aufmerksam, wenn man nicht die entsprechende protegierende Fangemeinde hat. Positive Rezensionen auf Online-Verkaufsplattformen sind das Zaubermittel, sonst hat man fast keine Chance. Dann lieber gar nicht, entscheide ich. Außerdem müsste ich mich um alles selbst kümmern. Cover, Buchsatz, Lektorat, Vertriebsschienen. Das will ich nicht. Ich habe mich in meinem Leben schon genug um alles Mögliche gekümmert, sage ich mir. In Gedanken warte ich auf eine Rikscha, um mich von fremden Menschen tragen zu lassen.

Ich gehe durch unsere Garage. Dort hat sich mein Mann eine Werkstatt für grobe Arbeiten eingerichtet. Hier wird geschweißt, gebohrt und Sperriges gelagert. Ich bahne mir den Weg durch herumstehendes Zeug. Ich brauche einen Karton und etwas Füllmaterial, damit ich ein Paket versandfertig machen kann.

Nanu, denke ich. Seit wann stören mich die am Boden liegenden Papierschnipsel nicht? Ich bleibe stehen und betrachte sie, ohne sie aufzuheben. Danach greife ich zu den leeren Kartons, die kreativ auf dem Elektroschrott gestapelt sind. Ich fische mir einen passenden heraus. Gleichzeitig boxe ich mit der anderen Hand gegen die Kartons, die herabpurzeln möchten. Sie landen dennoch wenig platzoptimiert auf dem Haufen von Elektronikmüll, leeren Kisten und irgendwelchen Metallplatten. Ich lächle darüber und bin mir selbst dabei fremd. Ich verfalle weder in eine tobsuchtsartige Hysterie, noch sehe ich mich bemüßigt, hier Ordnung zu schaffen. Das wird ein anderer tun, dessen Toleranzgrenze unter meinem Schwellwert liegt. Oder ich räume dann auf, wenn ich Bock dazu habe.

Als ich mit dem Karton die Garage verlasse, erkenne ich ein neuartiges Wurstigkeitsgefühl: fünf gerade sein lassen. Ich gehe an meinem Mann vorbei. So ist das jetzt, denke ich und schüttle die Schwere des Hinterherräumens von mir. Sie ist weg, genauso wie ich Meinungen von anderen Menschen stehen lassen kann. Ich beanspruche die Palme, auf die ich sonst schnell mal hochgeklettert bin, nicht mehr oft. Und das erleichtert mir das Leben ungemein.

Wenn ich frühmorgens meinen Blick aus dem Fenster schweife lasse, sehe ich eine Straße. In der Dämmerung erkenne ich Scheinwerferlichter. Fahrzeug um Fahrzeug fährt auf der Straße. Alle wollen irgendwo hin, die meisten zu ihrer Arbeit. Während ich auf die Uhr blicke und dabei feststelle, dass ich noch fünf Minuten Zeit habe, bin ich dankbar, dass ich mich nicht jeden Tag in diese Kolonne einreihen muss. Mein Weg zur Arbeit ist kurz und ich brauche kein Verkehrsmittel. Die Zeit, die andere morgens auf den Weg zur Arbeit verbringen, verbringe ich im Bett. Es ist ein Stück Luxus, stelle ich fest. Dennoch bin ich in Eile. Wieder einmal bin ich auf den letzten Drücker aufgestanden.

Doch am Wochenende ist es anders. Ausschlafen? Nein danke, sage ich seit geraumer Zeit. Ich will etwas von meinem Wochenende haben. Es nicht unnütz im Bett verbringen. Den Morgen genießen, vielleicht mit einer Tasse Kaffee, die meine Handflächen wärmt, auf dem Sitzkissen sitzend aus dem Fenster schauen. Ich genieße die Stille, den vielleicht heiligen Moment, der einem Tagesanbruch innewohnt. Ohne Stress streichle ich die Katze und schüttle die Sofakissen zurecht. Handgriffe, die ein wenig Ordnung in den Wohnraum bringen und mir das Gefühl von Chaos und Durcheinander nehmen.

Ich freue mich auf den Tag, der nicht nach einem Arbeitsplan getaktet ist. Der mir gehört. Darum stehe ich am Wochenende früher auf.

Zwischendurch schreibe ich auch an meinen Alltags-Philosophien. Es sind kurze Geschichten, in denen ich einige meiner Gedanken zum Ausdruck bringe. Es sind Geschichten über Launen und Marotten, über Angst und Sorgen. Ein Sammelsurium von Impulsen, die ich in Worte fasse.

Ich lese, ich weiß nicht wie oft, Auszüge aus meiner Lisa-Marie und stelle mir vor, wie Literaturagenten diese lesen. Dass sie den Text genauso lieben wie ich mittlerweile. Doch es herrscht Schweigen. Es erreichen mich höchstens ein paar formlose Absagen. Dennoch glaube ich an mein Vorhaben und ich bin davon überzeugt, dass meine Texte durchaus gut formuliert sind. Probeweise stelle ich einen Auszug in ein Internetschreibforum. Es ist ein kleines Forum, bei dem ich erst Mitglied werden muss. Ein geschützter Raum, in dem nicht Hinz und Kunz postet. „Na ja", meint man mehr oder weniger über meine Textpassagen. Blass und unsympathisch wirke meine Protagonistin. Gedanken und Setting wären umherschweifend, zu wenig fokussiert. Der Stil nicht durchgängig.

Ich brauche einige Tage, um das zu verdauen, und bin nah daran, die Forumsmitglieder als genrefremd abzutun. Die meisten sind Fantasiefans, und ihre eigenen Texte sind selbst mitunter holprig und wenig ausgefeilt. Als ich im Internet weiter herumstöbere, entdecke ich Autoren und Lektoren, die zum Thema Schreiben einiges veröffentlich haben. Es sind Mustertexte, die Fehler aufzeigen. Diese Texte erlauben mir, meine eigenen Schwachstellen, die Handwerksfehler, zu erkennen. In dem Moment, in dem ich beginne, mit den Augen eines Lektors über meine Texte zu blicken, verändert sich mein Bild. Innerhalb weniger Wochen begreife ich, dass Schreiben nicht nur ein Output ist. Es muss wie ein Musikstück arrangiert sein. Und ich entdecke noch etwas. Der Leser zieht seine Rückschlüsse selbst. Es ist sein Kopfkino. Wie bringe ich also eine Geschichte zu Papier, ohne seinen Gedankengang zu bevormunden? Das Schreibforum hilft mir, meinen Blick zu schärfen. Was mir bei fremden Texten auffällt, erkenne ich jetzt selbst bei meinen eigenen als Manko.

Es ist wie im richtigen Leben: Durch Beobachtung und aus den Fehlern von anderen lernt man am meisten. Und manches Mal wäre es gut, wenn man den Rat von anderen aufgreifen würde. Ich hätte mir einiges an Überarbeitung erspart, wenn ich mir früher eine Schreibwerkstatt gesucht hätte. So wie es meine Freundin vor über einem Jahr mir geraten hat.

Kompetenz

Dreimal Grundschritt. Vor, vor, seitwärts kurz ran. Rück, rück, seitwärts ran. Wiegeschritt. Drehung rückwärts.

Das wird nichts. Ich bleibe stehen. „Wir müssen drehen!"

„Das geht aber nicht, wenn ich auf dem falschen Fuß stehe", sagt mein Mann.

„Gerade eben hast du es doch auch gemacht."

„Habe ich nicht."

„Also von vorne", sage ich und mein Mann fügt sich seinem Schicksal. Ich übernehme die Führung. Aber Mann bleibt Mann und wir halten wieder bei der gleichen Schrittfolge.

„So musst du steigen", sagt er.

„Nein, du musst nur deine Schulter nach vorne in meine Richtung drehen, dann stehst du automatisch auf den richtigen Fuß", sage ich.

Jetzt ist es wieder so weit, wir stehen diskutierend auf der Tanzfläche und sind dabei nicht zwangsweise leise. Das machen wir jede Tanzstunde, mindestens einmal. Nicht nur, dass wir uns auf die Füße latschen. Wir diskutieren, und mittlerweile kennt man uns. Wir sind die, bei denen sich einer von dem anderen nichts sagen lassen will.

„So hat es doch in der Zeitung gestanden", sage ich.

Mein Mann blickt kurz auf, sieht mich an. „Nein", sagt er, „davon habe ich nichts gelesen."

„Du nicht, aber ich", antworte ich ihm.

„Wetten?", fragt er.

Jetzt will er auch noch wetten, denke ich. Ich weiß doch, was ich gelesen habe.

„Eine Flasche Sekt?", fragt er und streckt mir seine Hand entgegen. Ich mache mich auf die Suche nach der Zeitung. Ich wühle mich durch den Stapel, bis ich den Artikel gefunden habe. Mal sehen, wer recht hat.

„Hier", sage ich und zeige mit dem Finger auf den Text, ohne ihn gelesen zu haben.

„Sag ich doch, dass ...", sagt er und wir sehen uns an. Wortklauberei oder Interpretationsspielraum, unser Kompetenzgerangel hat wieder zugeschlagen. Doch diesmal spielen wir das Match in puncto Rechthaben nicht zu Ende. Wir beginnen beide zu lachen, weil wir uns dabei ertappt haben.

Der Moment

Jetzt ist ein Moment, in dem ich mit die Welt im Einklang bin. Nicht da draußen, sondern in mir. Nicht weil heute etwas Besonders geschehen ist, sondern weil ich im Frieden bin.

Ich sitze hier und schreibe diese Zeilen, weil ich sie schreiben will. Weil ich die Stille, die in meinen Herzen ist, auch mitteilen möchte.

Weil ich der Welt etwas zu schenken habe. Weil ich jetzt nichts sein muss. Weil ich jetzt nichts tun muss. Weil ich nichts versäume. Weil ich sein darf.

Ich bin mit mir alleine und im Frieden. Ich bin im Frieden mit der Welt, mit den Dingen, die ich zu erledigen habe. Ich mache mir keine Sorgen, über das Wann und über das Wie. Ich werde zur entsprechenden Zeit handeln und nach Möglichkeit das Richtige tun.

Ich bin in Liebe zu mir, ich bin in Liebe zu den Menschen, ich bin in Liebe zu dem Geschehen in der Welt da draußen. Ich bin im Vertrauen, egal wie es auf der Welt tobt.

Ich bin im Frieden. Ich habe Frieden in mir. Mein Frieden breitet sich aus, hinaus in die Welt.

Ich fühle mich behütet und geborgen. Denn in diesem Moment bin ich. Ich bin einfach. Nichts ist schöner als dieser Moment.

Die Macht der Gedanken

Ich sehe im Fernsehen eine Dokumentation über die Macht der Gedanken. Nichts Neues, denke ich und nehme die Fernbedienung in die Hand. Was sie mir da sagen, weiß ich alles längst. Doch ich halte inne. Ha! Es gibt sogar mittlerweile Wissenschaftler, die sich damit beschäftigen. Nicht nur mit Placebos. Jetzt ist mein Interesse geweckt. Hat man endlich begriffen, dass unser Denken uns steuert? Sogar unser Körper, unsere Gesundheit reagiert darauf, fand man heraus. Hilft sogar beim Abnehmen!

Es ist morgens und über dem Fernsehbildschirm flimmern Panoramabilder. Webcams, die eine Momentaufnahme von Wetter und Landschaft vermitteln. Während ich an meinem Kaffee nippe, blicke ich darauf und lese die Standorte von Bergen, Küsten, Städten und Seen. Einige Orte kenne ich persönlich, andere weiß ich geografisch zu verorten und andere sind mir fremd. Doch die Orte machen etwas mit mir.

Sie verbinden mich mit Emotionen, auch wenn ich den Ort nie besucht habe. Es ist unter anderem die Erinnerung an einen bekannten Menschen, der an einem dieser Orte lebt. Ich verknupfe seine Lebensumstände mit einer Empfindung. Eine Schwere legt sich dabei über das Bild. Die Gedanken-verbindungen der vorbeiziehenden Panoramaaufnahmen sind vielfältig. Einzelne Menschen tauchen auf, die mir von diesem Ort erzählt haben. Reflexionen von Ereignissen und Berichten wechseln mit dem Wunsch, diese oder ähnliche Orte zu besuchen, ab. Jetzt, da ich bewusst die Bilder anschaue und mich dabei beobachte, erkenne ich die Assoziationen. Normalerweise nehme ich sie nicht wahr. Doch sie sind da und wecken Empfindungen, die aus den Höhen und Tiefen meiner unbewussten Erinnerung entstammen.

„Kauf doch einen Blumenstock", sage ich zu ihm.

„Warum?", fragt er und blickt mich verständnislos an.

„Die Sache hätte auch ganz anders ausgehen können. Die Frau hat immerhin auf eine Anzeige verzichtet", sage ich. Es ist eine dumme Geschichte, Alkohol und Sachbeschädigung. Jugenddummheiten. Ich weiß nicht, wie ich es ihm näherbringen soll. Wie wichtig es ist, der Episode den bitteren Nachgeschmack zu nehmen.

„Die Versicherung hat doch gezahlt", sagt er.

„Willst du immer zur Seite blicken, wenn du der Frau zufällig im Supermarkt begegnest?"

Er blickt stur geradeaus.

„Du musst nicht mit ihr reden. Schreib auf eine Karte, dass es dir leidtut. Du kannst den Blumenstock einfach vor ihre Tür stellen."

Ich weiß nicht, ob der junge Mann meinem Ratschlag folgen wird. Es braucht nur ein wenig Rückgrat und ein paar Euros, die darüber entscheiden, ob das Geschehene als dunkler Fleck in seinem Leben sein Dasein fristet.

Der Ort der Stille

Ich mag diesen Ort. Es ist ruhig in mir. Er trägt einen Hauch von gelebter Meditation in sich. Ich bin für jede Stunde dankbar, die ich mit mir alleine verbringen kann. Abseits von geschäftlicher Tätigkeit und abseits von den Dingen, die zu erledigen sind.

Es ist still in mir und ich gebe mich meinen Gedanken hin. Es ist nicht langweilig. Gedanken tauchen auf und verschwinden wieder. Wie die Kreise auf einer Wasseroberfläche, wenn ein Stein darauf trifft.

Ich würde gerne diese Momente ausdehnen, denn viel zu schnell vergeht die Zeit. Ich bin gerne unter Menschen, aber ich brauche diese Zeit mit mir selbst. Ich verspüre ein Glück in mir und stelle fest, dass ich mit mir sein kann. Ich kann mich selbst ertragen. Ich kann mir selbst zuhören. Ich kann mit mir alleine sein. Länger als eine Stunde. Öfter als einen Tag. Ich halte meine Gedanken aus. Ich halte mich selbst aus.

OM NAMAH SHIVAYA

2020, noch vor Ausbruch der Corona-Pandemie, machen wir seit Langem wieder eine Fernreise. Kaum zu glauben, dass unsere letzte derartige Reise fast zwanzig Jahre zurückliegt. Es war Sipadan gewesen. Die kleine Insel, die Schauplatz einer Entführung wurde. Auch diesmal zieht es uns nach Südostasien. Auf Bali.

Die fremde Kultur ist allgegenwärtig. Statuen, von mir fremden Göttern, so weit das Auge blickt. Kleine Opfertempel scheinen zu jedem Haus zu gehören. Nicht nur dort werden täglich frische Blumen mit Räucherstäbchen drapiert, sondern auch vor den Häusern, auf der Straße. Sogar unter Autos entdecken wir solche Opfergaben.

Wir verbringen unsere Urlaubstage nicht nur am Strand und am Hotelpool, sondern haben auch Anschluss an Land und Leute. Dies verdanken wir einem Deutschen, der auf Bali lebt. Er organisiert uns Besuche und verschafft uns Zugang zu Orten, die in keinem Reiseführer zu finden sind.

„Liquid must flow", sagt der Mann, der gerade auf meinem Lendenwirbel herummassiert. Ich liege auf einer Reismatte, direkt vor seinem Haus, während Hühner nicht unweit davon in der Erde scharren. Ich möchte schreien. „Liquid must flow", sagt er noch einmal. Treffsicher hat er die Stelle gefunden, wo mein Wirbel gebrochen war. Ich hatte mit fünfzehn einen Unfall und konnte von Glück sprechen, dass der Wirbelbruch keine schwerwiegenden Folgen hatte und vollständig ausgeheilt ist. Der Mann massiert und drückt bei meinem Wirbel herum und ich bin kurz davor, aus der Haut zu fahren.

Wir tauchen auf dieser Reise auch in Kultur und Religion des Landes ein. Bisher war mir der Hinduismus fremd. Ebenso die Götter Shiva, Vishnu und Krischna. Nur die Kastenzugehörigkeit verband ich damit. Doch hier auf Bali scheint sie keine wesentliche Rolle zu spielen. Wir treffen auf einen Brahmanen. Er spricht nur balinesisch und ich bin froh, dass die Übersetzung gut klappt. Ich liege auf einer Matte und habe die Augen geschlossen. Er könne meine Chakren sehen, sagte man mir. Jetzt wedelt er mit einem Zweig über mich hinweg und nickt dabei zufrieden. Offenbar kann ich mich einer guten Konstitution erfreuen. Ich kann mich noch über mehr freuen, denn der Brahmane las vorher aus meinem Palmblatt, das vor tausenden Jahren für mich geschrieben wurde. Es wurde aufgehoben in einer der zwölf Palmblattbibliotheken. Eine davon ist auf Bali. Es ist mir schleierhaft, wie Information über mich auf einem Palmblatt stehen können. Als puren Zufallstreffer kann ich das Wissen, das mir jetzt zugänglich wird, nicht abtun. Die Beschreibung meines Wesenskerns trifft auf meine Resonanz. Um in meine Kraft zu kommen, solle ich meine Talente nutzen, heißt es. Mich für das einsetzen, was mir am Herzen liege. Ich könne gut schreiben und solle mich nicht scheuen, mich zu spirituellen, aber auch zu anderen Themen zu äußern. Ich sei kreativ und mein künstlerischer Ausdruck könne im Schreiben liegen.

Ich bin platt. Woher weiß der Brahmane beziehungsweise das Palmblatt das? Unter Garantie haben weder mein Mann noch ich jemanden hier davon erzählt. Ist das Schreiben tatsächlich etwas so Elementares in meinem Leben, dass es auf dem Palmblatt steht?

Als ich das Haus des Brahmanen verlasse, gibt er mir ein Mantra mit auf den Weg. OM NAMAH SHIVAYA. Es sei hilfreich für mich.

Es ist der Tag der Abreise. Ich verstaue meine Sachen im Koffer. Irgendwo muss noch mein Armreif sein. Wo habe ich ihn hingelegt? Ich trage diesen tagein und tagaus. Seit Jahren. Ich durchsuche alle Taschen, suche im Badezimmer, im Bett, auf den Boden. Weg. Er ist weg.

„Hast du ihn gestern am Pool dabei gehabt?", fragt mein Mann. Das könnte sein, denke ich, dass ich ihn bei der Liege unter mein zusammengeknülltes Kleid gesteckt habe. Ich laufe zum Pool, zu der Liege, auf der ich tags davor gelegen habe. Ich suche die Liege und den Boden ab. Nichts. Kein Armreif. Kurzentschlossen mache ich mich auf den Weg zur Rezeption. Vielleicht hat jemand das Schmuckstück gefunden. Dort telefoniert man, funkt sogar die Bediensteten an. Aber nichts. Niemand hat meinen Armreif gesehen.

Es kann doch nicht sein, dass ich ihn verloren habe! Ich trage ihn seit fünfundzwanzig Jahren! Nochmals suche ich das Zimmer ab, während mein Mann die Koffer zur Rezeption trägt. Himmel noch mal! Gleich werden wir abgeholt und mein Armreif ist futsch. OM NAMAH SHIVAYA, ich will meinen Armreif wieder!

Während mein Mann an der Rezeption auscheckt, frage ich wieder nach dem Armreif. Vielleicht hat ihn doch irgendwer gefunden. Nein, er ist nicht gefunden worden. Ich schaue auf die Uhr. In fünf Minuten kommt das Taxi.

Ich lasse mir den Zimmerschlüssel nochmals aushändigen, sause erst zum Pool und suche dort alles ab. Dann mache ich mich noch einmal auf den Weg in das Zimmer. Unterwegs treffe ich einen Hausbediensteten. Er fragt mich, ob ich den Armreif schon gefunden habe. Nein, leider nicht.

Im Zimmer lege ich mich auf den Boden und suche ihn akribisch ab. Nichts. Das war's dann wohl. Goodbye, mein geliebtes Schmuckstück. Ich muss mich wohl damit abfinden, dass er hier im fernen Asien bleibt. Ich muss los. Gut möglich, dass das Taxi schon da ist. Ich mache mich auf den Weg zur Rezeption. Wenige Schritte hinter mir ist der Hausbedienstete von vorhin. Ich drehe mich zu ihm um. Er lächelt und hält meinen Armreif hoch. OM NAMAH SHIVAYA, danke!

Nach siebzehn Stunden kommen wir am Frankfurter Flughafen an. Es ist halb neun abends. Ich checke auf meinem Handy die nächsten Züge. Alle Stunde geht ein Zug Richtung Heimat. Der nächste geht in einer halben Stunde. Das geht sich niemals aus, sagt mein Mann. Wahrscheinlich hat er recht. Bis wir durch die Kontrollen sind und unser Gepäck haben, ist der Zug sicherlich schon längst abgefahren. Wir werden wohl eine Stunde auf den nächsten Zug warten müssen. Noch eine Stunde mehr auf unserer ohnehin schon langen Reise. Zumindest sind wir jetzt nicht mehr in Eile und ärgern uns nicht, als einer Durchsage zufolge das Gepäckband streikt. Mein Blick fällt auf die Uhr: 20:55. Fünfzehn Minuten bis zur Abfahrt des Zuges. OM NAMAH SHIVAYA, wie gerne würde ich doch den Zug erreichen!

Wir warten, dass sich das Band in Bewegung setzt und endlich die Koffer darauf plumpsen. Und schließlich bewegt sich das Förderband und – ola hopp – da sind auch schon unsere Koffer.

„Wir erwischen den Zug", sage ich zu meinen Mann.

„Niemals", sagt dieser. Dennoch eilen wir durch das Flughafengebäude und folgen der Beschilderung zu den Zügen. Da steht schon unser Zug auf dem Gleis. Drei Minuten bis zur Abfahrt.

„Wir brauchen noch Fahrkarten", sagt mein Mann.

„Ich mache das mit der App", rufe ich ihm zu und steige in den Zug. Geschafft! Wir nehmen Platz und ich starte die Buchungs-App auf meinem Smartphone. Ich wähle die Fahrstrecke, drücke auf Bahncard und möchte auf Bezahlen drücken. Stopp. Das war falsch. Wir sind zwei Reisende. Also zurück. Das Prozedere beginnt von vorne. Ich hab's gleich, denke ich, während ich die PIN für das Bezahlen mit der Kreditkarte eingebe. Der Zug setzt sich in Bewegung und die Sanduhr auf dem Display dreht sich. Schließlich lese ich: Die Buchungszeit ist abgelaufen. Shit, zu spät! Mein Grinsen über beide Ohren friert ein. Dreizehn Minuten bis zum Umsteigen. OM NAMAH SHIVAYA, lass keinen Kontrolleur kommen!

Ich lasse die Laufschrift im Wagon, die die Strecke anzeigt, nicht aus den Augen, während der Umsteigebahnhof immer näher kommt. Offensichtlich haben wir Glück. Noch drei Minuten bis zum Umsteigen. Dort können wir für die Weiterfahrt die Karten kaufen. Ich drehe mich um. Ein Kontrolleur betritt das Abteil und steht auch gleich vor uns. „Die Fahrkarten bitte." OM NAMAH SHIVAYA!

Haben wir nicht, sage ich. Und wir müssen auch gleich aussteigen. Das habe nicht funktioniert mit der App. Die Zeit sei zu knapp gewesen. Nur eine Minute. Ich halte ihm mein Handy und die Kreditkarte, die ich noch immer in den Händen halte, unter die Nase. Der junge Mann lächelt. Steigen Sie aus, sagt er und drückt ein Auge zu. OM NAMAH SHIVAYA, danke!

Die Schwere

Ich gehe durch das Büro. Da liegt noch ungeöffnete Post. Hier steht ein Paket. Ich werfe einen Blick darauf. Ein Drucker. Ja, richtig. Er muss noch getestet und eingerichtet werden. Dann ist noch dies und das. Ich spüre eine Schwere, die sich in mir ausbreitet. Alles, was ich sehe, was vor mir ist, verbinde ich mit Erfahrungen, die mich niederdrücken. Wie viele Stunden habe ich in meinem Leben damit zugebracht, zu tun, zu machen. Und die Erinnerung an Unternehmungen, die mit wenig Erfolg gekrönt waren, mich an die Grenze des Belastbaren brachten, sind mir allgegenwärtig. Was verbirgt sich in den Briefen? Etwas Unliebsames?

Mein Verstand ist hell und klar. Ich weiß, dass einzelne vergangene negative Ereignisse alles Positive überschatten. Dass sie noch immer präsent sind und mir jetzt die Unbeschwertheit nehmen.

Da ist etwas in mir, das nicht ruht. Ein Stück, ein Fragment, das wieder anklopft, gehört und gesehen werden will. Keinen Frieden findet und vielleicht auch um Erlösung bittet.

Die Freude

Ich kenne auch eine andere Seite. Es gibt die Freude, wenn ich über etwas glücklich bin. Sie lodert wie eine Flamme, welche vom Feuer genährt wird.

Es gibt auch eine Freude in mir, die grundlos sein kann. Die wie eine unterschwellige Melodie da ist. Die auch nicht verstummt, wenn der Alltag chaotisch ist. Die alles überstrahlt und mich trägt. Die weiß, dass alles gut wird, und mich die Schönheit eines Regentages erkennen lässt.

Doch sie verschwindet wieder. Wie ein Kaninchen, das sich in seine unterirdischen Höhlen zurückzieht. Nur ab und zu kommt es aus seinem Bau, springt in mein Leben und hoppelt durch den Tag.

7.

Ich sitze im Wohnzimmer auf der Coach und habe den Laptop auf den Schoß. Mittlerweile muss das für meinen Mann schon ein alltägliches Bild sein. Quasi eine Wochenende-Wohnzimmer-Konstante. Ich sitze, schreibe und starre zwischendurch Löcher in die Luft. Ich bin in Gedanken zwischen Kokospalmen und internationalen Machenschaften. Fern von Deutschland. Irgendwo im südostasiatischen Raum auf einer Insel. Es ist mein neuestes Projekt. Ich habe dieser Geschichte den Arbeitstitel „Das Land" verpasst. Doch ich lese und überarbeite mehr, als dass ich mit dem Schreiben vorankomme. Mir fehlt der treibende Energieschub, der Flow, der den Roman vorantreibt.

Dennoch ist etwas in mir, das nicht zweifelt und das Unmögliche für möglich hält. Doch alle äußeren Zeichen stehen auf null. Wo liegt der Hund begraben? Ich hole mir einen Rat ein von jemandem, dem ich wirklich vertraue. Der mich kennt.

„Was willst du damit eigentlich?"

Es fällt mir schwer die Frage zu beantworten. Natürlich weiß ich, was ich damit will: Menschen zum Nachdenken bewegen. Ein wenig Aha bewirken. Meine Erfahrungen und Beobachtungen einbringen.

„Es ist nicht in Ordnung, wie wir miteinander umgehen, wie wir leben", versuche ich, mein Vorhaben zu erklären.

„Und dann packst du das in einen Roman?"

„Nun, nicht so direkt."

„Weißt du eigentlich, wie schwer es aktuell auf dem Buchmarkt ist? Niemand kennt deinen Namen. Die Buchhändler wollen wissen, in welches Regal sie dein Buch stellen können: Ist es ein Roman oder ein Ratgeber? So, wie es jetzt ist, passt es nirgends hin. Es ist nicht Fleisch und nicht Fisch. Du solltest dich für eines entscheiden."

Fünf Jahre. Waren die Jahre des Schreibens für die Katz?

„Schreib es um. Mach einen wirklich guten Roman daraus. Oder setz dich hin und schreib einen Ratgeber. Du willst etwas sagen, traust dich aber nicht. Merkst du denn nicht, wie unstimmig das alles ist? Du hoffst, dass du entdeckt wirst, und hast gleichzeitig Angst davor, dass Menschen in deinem privaten Umfeld darüber reden."

Ertappt.

„Hast du was zu sagen?"

„Ja!"

„Gut. Das finde ich auch. Es gibt viele Menschen, denen es so geht wie dir."

Ich laufe nach diesem Gespräch einige Tage im Kreis. Ich weiß nicht, was ich tun soll. Probiere es, fang an, denke ich einerseits, und andererseits sehe ich die vielen Stunden und Tage, die ich meinen Romanen bereits gewidmet habe.

Ich höre einen Podcast. Der Name des Interviewpartners lässt mich aufhorchen: Marc Wallert. Es ist der, der vor über zwanzig Jahren von der Insel Sipadan entführt wurde. Er und nicht ich.

Er erzählt von der Entführung, vom Ausharren im Dschungel, von der angedrohten Enthauptung und der damit verbundenen Todesangst, von dem doch herrschenden Galgenhumor, der die Situation etwas erträglicher gemacht hat. Wie sich die Gruppe zusammengetan und einzelne spezielle Aufgaben übernommen hat. Jeder Satz, den er spricht, interessiert mich. Eine Ausnahmesituation, die er durchlebt hat. Eine Krise, die er gemeistert hat und gefestigt daraus hervorgegangen ist. Ihn verfolgen heute keine Alpträume oder Erinnerungen, die ihn schwermütig machen. Er nennt diese Zeit eine Erfahrung, an der er gewachsen ist und die er nicht missen möchte. Was für eine Aussage!

Und er sagt noch etwas: Er hatte immer das Bild vor Augen, dass er frei kommen würde. Dass er seinen Bruder umarmen und mit ihm ein Bier trinken würde. Dies wurde schließlich wahr.

Soll ich es wirklich wagen, einen Ratgeber zu schreiben? Was ist dann mit meinen Romanen? Vielleicht kann ich auch beides. Außerdem bedeutet loslassen nicht fallen lassen. Ich schnappe mir meinen Laptop, auch wenn ich nicht weiß, wie ich beginnen soll. Einfach anfangen, sage ich mir. Mit dem, was mir auf der Seele liegt.

Während ich meine Erlebnisse niederschreibe, bemerke ich, wie ich im Text springe. Ich wechsle die Zeiten. Vergangenheit, Gegenwart und Zukunft. Ich kann nicht anders. Das eine bedingt das andere. Doch ich mache mir keinen großen Kopf darum, ob ich vielleicht zu sprunghaft bin. Etwas anderes macht mir mehr Kopfzerbrechen. Es war Teil des Gespräches, das ich geführt hatte:

„Du solltest in deinem Heimatort beginnen."

Ich schweige.

„Lass dir ein paar Bücher drucken und marschiere los. Suche dir einen Buchladen oder andere Anlaufstellen."

Ich will das nicht.

„Es wird kein Weg daran vorbeiführen, dass du in der Region startest."

Aber wieso, möchte ich fragen.

„Merkst du denn nicht, wie widersprüchlich das alles ist? Du hast etwas zu sagen und du willst damit einen Erfolg haben. Aber nicht vor deiner eigenen Haustür?"

Mir stehen die Tränen im Gesicht. Ich erkenne meinen wunden Punkt. Ich sehe die Schmuddelecke in mir, zu der ich nicht hinsehen wollte. Ich traue mich nicht zu sagen: „Seht her, ich habe da etwas!" Ich suchte den Weg über die Anerkennung von außen. Von einer Agentur, von einem Verlag, von mir fremden Menschen, die mir bestätigen: Das ist gut. Aber ich warte und warte. Und ein Jahr vergeht um das andere. Ich schreibe und schreibe. Aber die Tür des Hamsterrades geht nicht auf.

Ein paar Tage später schnappe ich mir ein Blatt Papier. Ich schreibe auf, welche Gedanken, welche Ablehnungen ich zutage fördere, wenn ich mir vorstelle, wie ich die Vorbereitungen zu meinem Buch treffe. Das Cover auswähle, den Schriftsatz definiere, den Klappentext schreibe. *Es hilft mir niemand. Ich muss wieder alles alleine machen.*

Ich muss mich verkaufen. Anbieten, was ich geschrieben habe. Vielleicht sogar zum Bittsteller werden. *Ich möchte niemanden um etwas bitten. Kein mildes Lächeln erhaschen.*

Da ist ein Tuscheln, ein Fingerzeig auf mich. *Das ist die.*

Da sind Menschen, die anderer Meinung sind. Da sind andere, die mir nicht wohlgesonnen sind. Ich stehe im Kreuzfeuer. *Ich muss Verantwortung für meine Meinung übernehmen.*

Bleibe ich auf meinen Büchern sitzen? *Ich muss gut sein. Sonst ist mir der Spott gewiss.*

Ich warte still und heimlich auf ein Wunder, dass ich diesen Weg nicht zu bestreiten brauche. Das Wunder kommt postwendend in Form einer E-Mail. Mir stockt der Atem, als ich die Nachricht von einer Literaturagentur in meinen Posteingang finde. Sie hatte vor gut einem Monat Interesse an meinem Manuskript „Drei Tage" bekundet und es angefordert. Ich war sozusagen damit schon im Viertelfinale. Yeah!

Jetzt lag die Antwort vor mir. „Wir finden Ihr Projekt wirklich spannend. Aber nach der Besprechung im Team sind wir zur Meinung gekommen, dass die Stimmen der

Hauptcharaktere nicht unterschiedlich genug herausgearbeitet sind."

Ich könnte aufgeben, kommt mir in den Sinn. Ich muss das nicht machen! Dennoch sagt etwas in mir Nein. Da gehst du jetzt durch. Du schaffst das. Ich weiß, dass das, was ich jetzt schreibe, nicht das ist, was ich noch vor Jahren geschrieben hätte. Sowie sich meine Betrachtungsweise erweitert hat und es auch in Zukunft tun wird.

Die Idee, mir mit meinen Büchern einen Freifahrtschein für ein sorgenfreies und unabhängiges Leben aufzubauen, habe ich schon längst ad acta gelegt. Aber vielleicht kann ich etwas anderes. Statt nur zu sagen: „Ich will erfolgreich sein", ist mein Ziel jetzt, anderen ein Wegbegleiter sein zu können. Ich halte das Bild, meine Visualisierung aufrecht: Man hört mir zu und ich kann anderen Menschen Impulse geben. Ich möchte, dass wir uns alle unser eigenes Leben nicht schwermachen. Dass nicht nur mir, sondern auch anderen Menschen bewusst wird, dass wir selbst uns eigener Meister im Leben sind. Dass wir den Fokus auf unser Inneres richten und uns für Prozesse öffnen. Es ist Zeit, aufzustehen und die Türklinke selbst in die Hand zu nehmen. Denn Freiheit beginnt in mir.

Hamsterradtüren lassen sich nur von innen öffnen.

Was ich noch sagen möchte ...

✐ Stille

In Zeiten der Stille komme ich zur Ruhe. Ich öffne mich, nehme eine andere Position ein. Sehe Dinge in einem anderen Zusammenhang. Gewinne Abstand. Ansatzweise begreife ich sogar, was vor sich geht. Ich gebe Inspirationen und Ideen Raum.

Ich weiß von Menschen, die, ohne es zu wissen, Stille nicht ertragen. Sie werden unruhig. Müssen etwas tun. Versuchen, abzuschalten durch Unterhaltung, durch Flucht in Medien, Konsum und Betriebsamkeit. Sie verlieren sich. Sind im Außen, in einer lauten, schnellen und überdrehten Welt. Sie betrachten sich durch die Brille der Gesellschaft.

Stille ist der OFF-Knopf. In der Stille kann ein Wechsel von außen nach innen erfolgen.

✐ Ehrlichkeit

Ich habe gelernt, zu funktionieren. Unsere Gesellschaft gibt mir den Rahmen dafür vor. Sie trimmt mich. So sehr, dass ich gar nicht bemerke, wie ich eigentlich bin. Warum ich so oder so handle.

Wenn ich ehrlich zu mir selbst bin, wenn ich zum Beispiel Schadenfreude oder Rachegelüste empfinde, verurteile ich mich nicht selbst. Ich nehme es zur Kenntnis und gaukle mir nichts vor. Ich will erkennen, wann ich mich angegriffen fühle und mich gerade in einer Verteidigungsstrategie befinde. Vielleicht auch mich zurückziehe und beginne, mich abzuschotten. Oder mich nach Anerkennung und Wertschätzung sehne. Klugscheißen und permanentes Besserwissen eignen sich hervorragend zum Übertünchen meiner eigenen Defizite.

Andere zu belügen, ist die eine Sache. Mich selbst: ein No-Go. Ich will mir selbst keine Fremde bleiben, indem ich mich ins rechte Licht setze und mir bequem meine Wahrheiten zurechtschiebe. Ein solches Netz aus Gespinsten kann mich lange tragen. Aber es wird da reißen, wo meine Fäden halbseiden oder von schlechter Qualität sind. Will ich mir die Stellen vorher ansehen oder warten, bis ich zu Boden falle?

✏ Gedanken

Positive Gedanken stärken das Immunsystem der Psyche. Sie erhellen meinen Tag und bringen Lebensfreude. Ich kann aus dem Pool meiner Erfahrungen schöpfen. Ich kann mir vergegenwärtigen, dass ich mehr Glück als Pech in meinem Leben hatte. Wie oft bin ich im Straßenverkehr schon knapp einem Unfall entgangen? War zur rechten Zeit am richtigen Ort. Wie oft konnte ich eine herunterfallende Tasse auffangen, bevor sie am Boden zerschellte? Wenn ich ehrlich bin, gibt es sehr, sehr viele Dinge, für die ich dankbar sein kann.
Doch die Vergangenheit ist oft trübe. Ich kenne die Sätze: „Ich habe es doch gewusst. Es ändert sich nie etwas." Aber will ich nur das sehen, was negativ ist? Wenn ich zum Beispiel mit dem

Gedanken „Andere können auch einmal etwas für mich tun" durch das Leben gehe, werde ich früher oder später am laufenden Meter Enttäuschungen erleben. Warum passiert das schon wieder mir, frage ich mich.

Wenn ich die Gültigkeit und Richtigkeit meiner Gedankenkonstrukte überprüfe, stelle ich fest: Oft sind es nur von anderen übernommene Meinungen und Prägungen. Glaube ich selbst, was ich denke? Ist es wirklich so?

Manches Mal beschleicht mich eine Vorahnung oder trifft mich ein Geistesblitz. Gerne verteidigt der Verstand seine Vormachtstellung. Ich versuche, wenn möglich, Denken und Fühlen in Einklang zu bringen. Lasse Herz und Kopf zusammenarbeiten. Und hüte mich vor eigener Manipulation. Davor, mir etwas zusammenzureimen, falsche Schlüsse zu ziehen und Dinge so zu sehen, wie ich sie sehen will. Es lohnt sich, meine Intuition zu schulen. Die Intuition ist leise und schweigt, wenn es laut in mir ist. Sie ist nicht die Stimme meiner Gedanken, sondern besitzt ihre eigene Intelligenz. Die Intuition macht das Leben reichhaltiger.

🥕 Opfer sein

Mich in der Opferrolle zu sehen, ist einfach. Und bequem. Manche Menschen beherrschen die Kunst, für alles, was ihnen im Leben an Negativem widerfährt, einen Verantwortlichen zu finden. Selbst, wenn sie mit dem Auto in den Gaben fahren, hat der Vordermann Schuld daran.

Ich habe schon lange aufgehört, mich in der Opferrolle zu sehen. Es ist so, wie es ist. Basta. Damit übernehme ich Verantwortung für mein Leben. Ich habe die Chance, es selbst zu gestalten. Ja, vielleicht bin ich schuldlos in eine Situation geraten. Aber ich verlasse das bequeme Sofa der eigenen Ohnmacht. Will ich der Spielball oder der Spieler sein?

🥕 Sorgen

Sorgen schwächen. Sie entziehen mir Lebensenergie und Freude. Unsere eigenen Sorgen erscheinen uns immer berechtigt. Aber sind sie das wirklich?

Ich gehe zum Arzt, weil ich Kopfschmerzen habe. Wie sinnvoll ist es, mir im Vorfeld schon Sorgen zu machen? *Oh Gott, hoffentlich ist es kein Tumor!*

Ich mache mir erst Gedanken, wenn die Diagnose feststeht. Dann gilt es zu handeln. Bis dahin nutze ich meine Energie und Zeit für Dinge, die mir wichtig sind und Freude machen.

Sorgen verändern nichts an der Situation.

🥕 Urteile, Bewertungen und Wertschätzung

Verurteilungen und Beurteilungen sind die Stempel, den ich jemanden oder einer Sache aufdrücke. Ich nehme mir die Chance, eine andere Seite, eine andere Facette in Betracht zu ziehen. Mein größter Widersacher kann mein größter Lehrer sein. Nichts hat nur eine Seite. Und es gibt immer ein Dahinter und Davor. Auch wenn ich es nicht sehe.

Verurteilungen bringen mich nicht weiter. Im Gegenteil. Mit dem Ver- und Beurteilen verharre ich im Status Quo. Solange ich verurteile, wird es Gut und Schlecht geben und ich werde keinen Frieden in meinem Herzen finden.

Ich muss nicht mit jedem Menschen auf einer Linie sein, um ihn wertzuschätzen. Er hat vielleicht noch ungünstigere Voraussetzungen, als ich sie selbst je gehabt habe. Ich kann jeden Menschen mit einem Stück Respekt begegnen. Versucht denn nicht jeder – auf seine Art und Weise, mit seinen Mitteln, seiner Überzeugung, seinem Weltbild – sein Bestes? Sein eigenes Ding zu machen?

Niemand ist perfekt. Auch ich bin es nicht. Aber niemand sollte sein Licht unter den Scheffel stellen, sondern sich seiner Talente und Potenziale bewusst werden. Vielleicht ist es der grüne Daumen beim Gärtnern oder die Umsetzung einer lohnenden Idee. Die Möglichkeiten sind vielfältig. Die Aufmerksamkeit auf sich zu richten, ist der legitime Beginn, sich selbst wertzuschätzen. Wie ich zum Beispiel mein Essen anrichte, den Tisch decke, mir nach eigenen Gefallen die Kleider aussuche. Es darf so sein, wie es mir gefällt. Dafür brauche ich kein von außen diktiertes Must-have.

Wunde Punkte

Bei Tieren ist bekannt, dass diese in bedrohlichen Situationen zur Flucht oder zum Angriff neigen. Auch wir Menschen verhalten uns so. Unser Reptiliengehirn übernimmt die

Führung und entscheidet sich für eines von beiden, wenn es bei uns brenzlig wird.

Wenn ich in eine starke Emotion verfalle, vielleicht sogar im übertragenen Sinn um mich schlage, bin ich in Resonanz, genauso wenn ich etwas vehement ablehne. Beides ist für mich ein Hinweis hinzusehen. Wenn ich es schaffe, die zum Vorschein kommenden Themen, die darin enthaltene Disbalance aufzulösen, ist ein Schritt zur verbesserten Lebensqualität getan.

Auch wenn ich Mist gebaut habe, dreht sich die Welt weiter. Vielleicht kann ich noch was retten oder gutmachen. Nur ungeschehen kann ich es nicht mehr machen. Selbstvorwürfe schaden mir mehr, als sie helfen. Ich kann aus der Vergangenheit lernen, aber nicht mit einem Sack voller Schuldgefühle leichten Weges meine Zukunft beschreiten.

Ob selbstverschuldet oder nicht, in jeder Krise, in jeder fordernden Situation steckt auch ein positiver Aspekt. Auch wenn es schwerfällt, bieten mir schwierige Zeiten die Möglichkeit einer Veränderung oder Erkenntnis. Was ich bewältigt habe, wird mir mehr Kraft für die Zukunft verleihen.

Handwerkszeug

Ruhe-Inseln schaffen

... der Türöffner

Nutze einen Spaziergang in der Natur. Vielleicht füllt sich nicht nur deine Lunge mit frischem Sauerstoff und dein Gemüt lässt sich vom satten Grün stärken. Die Natur ist Schönheit, Beständigkeit, Kraft und Ruhe gleichzeitig. Finde Ruhe bei eintöniger Arbeit, einer Autofahrt, beim Wäschebügeln. Lass Computer, Handy, Fernseher, Radio ausgeschaltet, um bei dir anzukommen und den Alltag loszulassen.

Die Ruhe-Inseln bieten dir die Möglichkeit, Gedanken schweifen zu lassen. Dich selbst zu beobachten und dir zuzuhören. Je mehr du dir zuhörst, desto mehr kannst du reflektieren. Was dich an anderen stört, dich anecken lässt, öffnet einen Fundus an Selbsterkenntnis.

Die Ruhe-Inseln bieten Raum für Ideen und Inspirationen. Vielleicht sind diese Gedankenfunken verknüpft mit einem Rat, einer Erinnerung, einem Gespräch, das dir gerade weiterhilft. Der Funke war nur unter dem ganzen Ballast, der dich begleitet, nie erloschen.

Du kannst die Ruhe-Inseln auch zum Schwelgen nutzen. Die Momente der Freude, des Glücks, des Friedens, der Dankbarkeit genießen. Bastle an deinen Herzens-angelegenheiten, an deinen Träumen, die damit verbunden sind. Lass sie lebendig werden.

Ich habe dich doch lieb
... wenn es zwischenmenschlich schwierig wird

„Ein Lächeln kann man hören." Diesen Spruch sah ich einmal auf einem Telefon kleben. Ja, das kann man. Aber du kannst noch viel mehr. Du kannst deinem Gegenüber, egal wie du über ihn denkst, mit einem Mindestmaß an Respekt begegnen. Auch er ist ein Gefangener seiner selbst.

Schenke ihm einen positiven Gedanken, wertfrei und aus vollem Herzen. Sag ihm wortlos: „Ich habe dich doch lieb." Es fällt dir schwer? Dann sag es so wie zu einem Kleinkind, das gerade mit spinatverschmierten Fingern auf deinen Schoß klettern möchte: „Ich habe dich doch lieb."

Der Moment
... von der Kunst innezuhalten

In Situationen, die dich fordern, halte kurz inne. Ich habe solche Momente zum Beispiel, wenn plötzlich die Telefonanlage im Büro nicht mehr geht. Wenn ich unliebsame Post öffne. Wenn ich nicht weiß, wo mir der Kopf gerade steht. Es hilft mir dann, innezuhalten, und manches Mal staune ich, wie sich Gegebenheiten verändern oder eine Entschleunigung eintritt.

Schließe für einen kurzen Moment die Augen, atme bewusst tief ein und lasse den Atem einmal durch deinen Körper zirkulieren. Hoch in den Kopf und dann einmal in den Bauchraum. Du kannst auch dabei deine Hand auf das Herz legen. Denke dabei, dass sich die Situation entspannen wird. Es sind Sätze wie: Alles halb so schlimm. Gleich geht die Telefonanlage wieder. Eine Lösung wird sich finden. Es wird sich zum Positiven wenden.

Du kannst diese Vorgehensweise auch nutzen, wenn du plötzlich eine Entscheidung treffen musst und dein Verstand ratlos ist. Beispiel: Ist es ein angemessener Preis, den ich offeriere? Ist der Moment günstig, um ein heikles Thema anzusprechen? Was schenke ich zum Geburtstag? Wie bringe ich meinen Gedanken zu Papier? Soll ich mich einmischen? Stelle dir die Frage, während du innehältst. Entscheide dich für den ersten Impuls. In allen nachfolgenden hat dein Verstand schon seine Finger im Spiel.

Bei Fragen wie: „Soll ich oder soll ich nicht?", Fragen, die sich mit Ja oder Nein beantworten lassen, kannst du dir auch eine Ampel vorstellen oder den nach oben bzw. nach unten zeigenden Daumen. Steht die Ampel auf Rot oder zeigt der Daumen nach unten, dann heißt es Nein. Ampel auf Grün bzw. Daumen nach oben bedeuten dann logischerweise Ja.

Ich auf dem Stuhl
... wenn du wissen möchtest, was mit dir los ist

Du kannst dich selbst betrachten. Schauen, was bei dir los ist. Dich wie in einem Spiegel betrachten, der das Tor zu deinem Unterbewusstsein öffnet.

Wichtig ist, dass du eine zentrierte Haltung einnimmst. Einen Moment findest, in dem du klar und wach bist. Dir erlaubst, nicht auf deine verstandesmäßigen Gedanken zu hören, sondern deinem Unterbewusstsein Raum zu geben.

Um in die Zentrierung zu kommen, kannst du an ein positives Ereignis denken. Oder du stellst dir einen Korridor vor, von dem aus du eine Tür zu einem Raum öffnest. Wenn es hell und freundlich darin ist, dann richte dich auf, überprüfe deine Sitzhaltung. Hast du die Füße nicht richtig am Boden? Deine Haltung sollte deiner inneren Haltung entsprechen. Aufrecht und mit festem Stand auf der Erde. Brauchst du noch eine Schutzatmosphäre? Stell dir eine Kugel vor, in der du dich sicher fühlst und beschützt bist.

Halte deine Augen geschlossen, vergegenwärtige dir deinen Atemstrom und stelle dir einen Stuhl vor, auf dem du sitzt. Meist dauert es nicht lang, bis sich ein Bild einstellt. Vielleicht siehst du nichts vor deinem inneren Auge, sondern empfindest Gefühle oder Worte formieren sich. Auch in Ordnung, dann arbeite damit. Betrachte, was sich dir zeigt. Vielleicht kaust du auf den Fingernägeln oder du springst auf, weil du vor Schlangen flüchtest. Vielleicht bist du aber auch ganz entspannt oder gar gefesselt.

Die Bilder verraten sehr viel. Du kannst erkennen, welche Emotionen damit einhergehen. Du kannst zum Beispiel die Ursachen deiner Fesseln feststellen, wenn du gezielte Fragen stellst. Es tauchen weitere Bilder auf. Manche sind Fiktionen, manche sind Erinnerungen an Erlebnisse. Bilder können wie ein Film lebendig sein. Halte deinen Verstand in Schach, denn er möchte sich gerne einmischen. Beachte nicht deine Überlegungen, sondern lasse den Bildern oder Eindrücken freien Lauf. Wende dich zum Beispiel wieder deiner Fesseln zu.

Vielleicht findet sich ein Stück Erde, wo du deine Fesseln vergraben kannst, oder ein Vogel nimmt dich mit hoch in die Luft und zeigt dir von oben etwas. Vielleicht rodest du in einem Garten Gestrüpp oder findest eine offene Kerkertür, durch die du ins Freie schreiten kannst. Die Möglichkeiten sind mannigfaltig und erlauben deinem eigenen geöffneten Unterbewusstsein, eine Veränderung herbeizuführen.

Du wirst im Anschluss daran feststellen, dass sich ein anderes Bild zeigt, wenn du dich nochmals auf dem Stuhl betrachtest. Bevor du die Augen wieder öffnest, gehe bewusst aus den Bildern heraus, um in das Tagesbewusstsein zurückzukehren. Atme einmal tief ein und aus und schließe die Tür im oben erwähnten Korridor von außen.

Schreiben

... ohne nachzudenken

Vielleicht denkst du: Warum schon wieder ich? Oder vielleicht hast du ein körperliches Symptom und du möchtest in Dialog damit treten.

Nimm ein Blatt Papier und schreibe deinen Gedanken betreffend deiner Frage auf. Ohne darüber nachzudenken, schreib die Antwort. Schreib, was dir in den Sinn kommt, egal was es ist. Stell weitere Fragen und schreibe sie nieder. Lass deinen Verstand außen vor. Schreib einfach, auch wenn dir das Märchen von Hänsel und Gretel in den Sinn kommt. Egal, was es ist. Lass es ungefiltert aus dir herausfließen. Schreibe, bis die Worte in dir verstummen. Dann leg deine Notizen beiseite.

Warte einige Zeit. Besser noch ein paar Tage. Lies es dir vorbehaltslos durch, wie ein Schreiben, dass du in deinem Briefkasten gefunden hast. Finde den roten Faden. Vielleicht ist es eine Ermahnung oder Worte von einem Freund oder gar ein Hilferuf.

Ein Stück Seelenschokolade
... die kleine Extrabelohnung, die immer greifbar ist

Du hast sie bei dir. Die kleinen Episoden, die dich zum Lächeln bringen. Nicht die aus Filmen. Sondern die aus deinem eigenen Leben. Es gibt sie zuhauf.

Bei mir sind da die Rollschuhe aus meinen Kindertagen. Die gefangenen Kaulquappen. Der Kirschbaum, auf den ich geklettert bin. Die Pumuckl-Bücher, die ich verschlungen habe. Die Plateauschuhe meiner Schwester, die ich heimlich angezogen habe. Die Klamotten, die damals hipp waren. Der Lehrer, dem damals laut ein Furz vor der Klasse entkommen ist. Der erste Flirt.

Es existieren Abertausende Erinnerungen, über die du heute lächeln kannst. Hole sie hervor, verweile in ihnen und genieße sie wie Schokobonbons. Du wirst automatisch lächeln, wenn du an die zerschundenen Knie aus deinen Kindertagen denkst.

Seelenbonbons gibt es auch in anderen Geschmacksrichtungen.

Wie wäre es mit Dankbarkeit?

Ich bin dankbar für die Freunde. Dass meine Lieblingstasse nicht zu Bruch ging. Dass ich heute Nacht gut geschlafen habe. Dass ich eine schöne Wohnung habe und an einem guten Ort wohne. Dass der Unfall damals so glimpflich ausgegangen ist. Für die vielen mannigfaltigen Erlebnisse in meinem Leben.

Finde die Seelenbonbons in verschiedenen Geschmacksrichtungen. Zum Beispiel: die glücklichen Zufälle, die besonderen Begegnungen, die Momente des überschäumenden Glücks und der Liebe.

Gönne dir Seelenschokolade gerade in Momenten, in denen du deprimiert oder ratlos bist. Es sind deine Seelentröster, freue dich über sie. Greif in den Vorrat, den du hortest, und genieße ihn ohne Wehmut.

Der Kreis
... bewusst eine andere Position einnehmen

Vielleicht bist du gerade im Streit mit jemanden oder fühlst dich nicht verstanden. Stell dir vor, wie sich diese Situation in einer Arena abspielt. Du hast nun die Möglichkeit, aus dem Kreis zu treten und die Position des Zuschauers einzunehmen, der den Streit von außen betrachtet. Du bist nicht mehr der Beteiligte, sondern der Zuschauer. Aus dieser Distanz gewinnst du zusätzliche Blickwinkel und Perspektiven. Du erkennst vielleicht, dass es nicht um die Sache an und für sich geht, sondern zum Beispiel um Selbstdarstellung, Minderwertigkeitsgefühle, Verletzung, Ehrgeiz – oder um was auch immer. Die Situation wird transparent und du kannst deine Position, deine Einstellung und deine Empfinden verändern.

Die Beobachtung
... von der Kunst, der Selbsterkenntnis

Die Beobachtung ist der Schlüssel zur eigenen Erkenntnis. Dich selbst verstehen zu lernen, heißt auch, deine Stärken und wunden Punkte zu erkennen. Die Beobachtung bietet dir ein beinahe unerschöpfliches Reservoir an Selbstreflexion.

Hier einige Bespiele:

Am Morgen

Hörst du Geräusche? Vielleicht einen Vogel zwitschern?
Bist du in Eile? Wo bist du mit deinen Gedanken? Schon bei dem, was du erledigen möchtest? Kannst du den Morgen, vielleicht mit einer Tasse Kaffee in der Hand, genießen? Freust du dich auf den vor dir liegenden Tag?
Oder: Warum fällt dir das Aufstehen schwer?

Beim Tun

Was machst du gerade?
Ist es sinnvoll? Macht es Spaß? Bist du im Robotermodus, der dein Tun automatisiert? Wie viel Aufmerksamkeit fordert deine Arbeit? Kannst du mit ihr verschmelzen? Völlig darin aufgehen? Trennst du die Arbeit in Pflicht und Vergnügen? Was bräuchte es, um sie zum Vergnügen werden zu lassen?

Gedanken

An was denkst du gerade? Wo bist du? In der Vergangenheit oder in der Zukunft? Woran hast du vorher gedacht? Und vor einer Stunde? Gibt es ein Thema, das dich beschäftigt? Was macht es mit dir? Kannst du es loslassen? Wenn es dich belastet, kannst du aus der Gedankenspirale aussteigen? Oder lässt du dich beherrschen? Was sind das für Stimmen? Deine? Oder rezitierst du? Ja, und wen? Medienberichte, Vorbilder, Eltern? Verweilst du in dem Pool deiner Prägungen, Erfahrungen und bei den erhobenen Zeigefingern? Was wäre, wenn das alles ganz anders ist, als du denkst?

Was willst du? Wie soll dein Leben aussehen? Wofür brennst du? Wofür bist du bereit, Opfer zu bringen? Was ist dir wirklich wichtig?

Zwischendurch

Wie fühlst du dich? Nimm deinen Körper wahr. Spürst du den Stuhl, auf dem du gerade sitzt? Kneift dich gerade irgendwo die Kleidung? Wie atmest du?

Worum kreisen die meisten deiner Gedanken? Gibt es Lieblingsgedanken? Freust du dich über etwas? Wie viel Platz nehmen solche Gedanken ein?

Impulse von außen

Wie reagierst du auf Impulse von außen? Was machen bestimmte Nachrichten mit dir? Versetzen sie dich in Angst und Schrecken? Wie lange halten sie dich gefangen? Was sind das für Themen? Kannst du sie loslassen?

Brauchst du die vielen Impulse von außen? Versäumst du etwas? Oder tötest du damit Langeweile oder etwaige Reflexion ab.

Beim Essen

Schmeckt es dir? Isst du gerade hastig? Wie hungrig bist du? Was führst du gerade deinem Körper zu? Gibt es ein Lieblingsgericht und welche Erinnerung verknüpfst du damit?

Im Gespräch

Warum sagst du das?

Sprichst du lieber, als dass du zuhörst?

Ist deine Stimme laut?

Beschönigst, verteidigst du dich? Oder sprichst du anderen nach dem Mund?

Merkst du, dass du dich anders verhältst, wenn gewisse Menschen im Raum sind? Warum machst du das?

Den Spieß umdrehen
… wie du aus einer negativen Emotion Stärke gewinnen kannst

Wenn sich die Wut in dir ballt oder dich der Neid auffrisst, dann nimm diese Emotionen wahr. Bemerke, wie sie dich beherrschen. Nimm diese Kraft und fühle sie. Aber lass die Ursache los. Lass sie wie einen Luftballon in den Himmel steigen und davonschweben. Fühle diese Kraft, die in der Emotion steckt, am ganzen Körper. Erinnere dich, wie es sich anfühlt, wenn Begeisterung in dir überschäumt. Nimm die Energie, die in dir steckt und fühle die Euphorie. Nutze sie zu deinem Vorteil. Sie hilft dir, die positiven Lebensgeister zu wecken und Lebensmut zu gewinnen.

Du und dein Körper

... ein unzertrennliches Team

Deine Haut ist glatt, wenn du entspannt bist. Denkerfalten durchziehen deine Stirn, wenn du in einer Überlegung feststeckst. Dein Körper reagiert auf deine Befindlichkeit. Schon zu Kinderzeiten, wenn dir etwas die Schamröte ins Gesicht trieb.

Er reagiert mit Appetitlosigkeit, wenn dir etwas auf den Magen geschlagen ist. Oder mit Fressattacken, wenn du im Ungleichgewicht bist. Du verschränkst unbewusst deine Arme, wenn dir etwas nicht passt. Deine Psyche und dein Körper sind ein Paar. Auf Lebenszeit.

Dein Körper ist keine Maschine, bei der mal etwas kaputtgeht und dann wieder repariert werden kann. Schenke ihm die Aufmerksamkeit, die er verdient – und das nicht nur mit gesunder Ernährung, Pflege und Bewegung. Nimm deinen Körper wahr. Spüre dich. Du bist Geist und hast einen Körper. Schüttle deine Sorgen ab, wenn sie überhand nehmen. Klopfe auf deinen Körper, auf Arme und Beine, wenn du dich mit deinen inneren Prozessen befasst. Power dich aus, um psychische Belastungen in Balance zu bringen. Dein Körper bildet eine Symbiose mit dir. Mit all deinen seelischen Verletzungen und Schmerzen. Er ist, trotz allem, ein guter Gefährte, mit dem du durch das Leben gehst.

Visualisierung

Ob du dich in Gedanken auf einer Blumenwiese befindest oder ob du ein Gespräch mit einem verstorbenen Angehörigen führst – deine Vorstellung, deine Visualisierung machen es möglich.

Führe nicht bloß zwischen Geschirrklappern und Autofahren virtuell ein Gespräch mit anderen Menschen. Schieb die Vorurteile und die Zweifel von der Wirksamkeit von imaginären Dialogen zur Seite. Setze dich bewusst hin und lass deinen Verstand schweigen. Triff dich in Gedanken mit den Menschen, mit denen du haderst. Stelle es dir vor, wie ihr euch trefft. Ihr begegnet euch mit Respekt, sag, was du zu sagen hast. Vielleicht möchtest du etwas richtigstellen oder um Verzeihung bitten. Rede nicht nur, sondern höre zu. Vergib, wenn es etwas zu vergeben gibt. Lass dich von den auftauchenden inneren Bildern überraschen. Gebt euch die Hand und verabschiedet euch im Guten.

Ein imaginiertes Gespräch kann dir dabei helfen, Konflikte zu entschärfen und mit ihnen Frieden zu schließen.

Wenn du in Situationen und Themen feststeckst, lade dir Verstärkung ein. Du wirst überrascht sein, wer alles in deiner Vorstellung auftaucht. Vielleicht sind es Angehörige, Freunde, geistige Helfer und sie bilden eine mächtige Armada.

Vergiss jedoch nicht, dass du in deiner Vorstellung nicht andere Menschen manipulieren oder selbstsüchtig handeln solltest.

Gönne dir deine Wunschbilder, denn Bilder können mächtig sein. Mache es wie die Werbebranche und erstelle deinen eigenen Werbespot. Drehbuch und Happy-End liegen in deiner Hand.

Mantren und Gebete
... die nicht zu unterschätzende Hilfe

Du musst an nichts glauben. Aber du kannst.

Wenn du aus einem wankenden Boot steigst, kannst du die ausgestreckte Hand ergreifen, die man dir anbietet.

„Bittet, so wird euch gegeben; suchet, so werdet ihr finden; klopfet an, so wird euch aufgetan", so steht es schon in der Bibel (Matthäus 7, 7).

Verwechsle den Glauben nicht mit irdischen Religionsauslegungen aller Couleur. Ein Blick in den sternübersäten Nachthimmel, das Wunder eines entstehenden Lebens und unser Planet Erde selbst lassen dich ein Mysterium erkennen. Du selbst bist ein Mysterium, ein Körper, ein denkender Geist und eine unendliche Seele. Beraube dich nicht deiner Verbindung zum Schöpfer allen Seins, nutze die Kommunikation. Die Form ist nicht das Entscheidende, sondern deine Aufrichtigkeit.

Zu guter Letzt ...

Es ist eine allseits bekannte Geschichte. Seitdem ich sie das erste Mal gehört habe, begleitet sich mich. Darum möchte ich sie hier kurz wiedergeben.

Ein gläubiger Mensch rettet sich während einer riesigen Überschwemmung auf das Dach seines Hauses. Die Fluten steigen und steigen. Eine Rettungsmannschaft kommt in einem Boot vorbei und bietet an, ihn mitzunehmen. „Nein, danke", sagt er, „Gott wird mich retten." Die Nacht bricht an, und das Wasser steigt weiter. Der Mann klettert auf den Schornstein. Wieder kommt ein Boot vorbei, und die Helfer rufen: „Steig ein!" – „Nein, danke", erwidert der Mann nur. „Gott wird mich retten." Schließlich kommt ein Hubschrauber. Die Besatzung sieht ihn im Scheinwerferlicht auf dem Schornstein sitzen, das Wasser bis zum Kinn. „Nehmen Sie die Strickleiter", ruft einer der Männer. „Nein, danke", antwortet der Mann, „Gott wird mich retten."

Das Wasser steigt weiter, und der Mann ertrinkt. Als er in den Himmel kommt, beschwert er sich bei Gott: „Mein Leben lang habe ich treu an dich geglaubt. Warum hast du mich nicht gerettet?" Gott sieht ihn erstaunt an: „Ich habe dir zwei Boote und einen Hubschrauber geschickt. Worauf hast du gewartet?"

Nachwort und Danksagung

Ich möchte meinen Dank an alle Menschen richten, die mich begleitet haben. Dass ich Personen kontaktieren konnte, die mir weiterhalfen. Dass Begegnungen stattfanden, die mich wachsen ließen. Dass es Menschen gibt, die ihre Erfahrungen und Wissen in Worte fassen und mitteilen. In Büchern, Vorträgen und im persönlichen Gespräch. Die in diesem Buch nicht personalisierten Dialoge sind einige davon.

Es gibt viele Bücher, die mich begeistert haben. Auch welche, die mich jahrelang begleitet haben. Hier möchte ich jene (in alphabetischer Reihenfolge) erwähnen, die ich im vorliegenden Buch direkt bzw. indirekt erwähne:

Masaru Emoto
Die Antwort des Wassers
ISBN: 978-3-929512-93-9

Elizabeth Gilbert
Big Magic
ISBN: 978-3596033706

Kurt Zyprian Hörmann
Fühlen ist klüger als Denken
ISBN: 978-3-89901-421-1

Andreas Knuf
Ruhe da oben!
ISBN: 978-3-86781-032-6

Alexa Kriele
Die Engel geben Antwort auf Fragen nach dem Sinn des Lebens
ISBN: 978-3720523509

Dr.med. Raymond A.Moody
Leben vor dem Leben
ISBN: 978-3498043360

Rupert Sheldrake
Der siebte Sinn der Tiere
ISBN: 978-3596174966

Ach, ja ...

Da ist noch etwas.
Darf ich mir etwas wünschen?

Ich hoffe, dass Dir das Buch gefallen hat. Vielleicht konnte ich Dich damit berühren.
Dann sag es bitte weiter. Vielleicht findest Du auch Zeit für eine nette Rezession auf den Online-Verkaufsplattformen oder empfehle das Buch in den sozialen Medien.